ENSEIGNEMENT AGRICOLE

Histoire et Géographie

1re BAC PRO 3 ans
Module MG1
Objectif 3

Nouveaux programmes

Sous la direction d'Anne-Marie Lelorrain et Louis Larcade

Isabelle Juguet
Mary Maire
Laurent Thoraval

Nathan
TECHNIQUE

Programme de première professionnelle de l'enseignement agricole

Histoire et géographie

Module MG1

Objectif général du module : mobiliser des éléments d'une culture humaniste pour se situer et s'impliquer dans son environnement social et culturel.

Objectif 3 : Analyser et interpréter des faits historiques et géographiques pour comprendre le monde.

Cet objectif permet :
- d'acquérir des connaissances en histoire et en géographie,
- de développer des savoir-faire pour maîtriser des méthodes d'analyse et d'interprétation,
- d'exercer un jugement critique.

Les sous-objectifs d'histoire et de géographie peuvent être traités alternativement au cours de l'année scolaire. Le temps consacré à l'étude de chacune des situations doit être sensiblement équivalent.
En classe de première, les contenus du référentiel d'histoire et de géographie peuvent servir de support aux exercices de recherche documentaire, choisis en concertation avec le professeur de documentation.

3.1. Histoire. Étudier la France aux XIXe et XXe siècles

3.1.1 Distinguer les évolutions sociales de 1830 à 1970
Étude d'une situation dans un des deux sujets au choix

• Être ouvrier(ère) en France 1830-1970

Exemples de situations à étudier (au moins une situation) :
Être ouvrier(ère) à... (exemple d'une ville industrielle), grèves de Carmaux, 1936, etc.

Notions : Conscience de classe, atelier, grande usine, syndicalisme, partis politiques, culture ouvrière, etc.

• Le monde rural en France du début du XIXe siècle à 1970

Exemples de situations à étudier (au moins une situation) :
Être paysan dans ... (exemple d'une région), étude d'un village à deux époques différentes, un comice agricole, la République au village, la naissance de l'enseignement agricole, etc.

Notions : Propriété, fermage, métayage, ouvrier agricole, protectionnisme, PAC, exode rural, mécanisation, coopératives, syndicalisme paysan, condition féminine, etc.

• La République et le fait religieux depuis 1880

Exemples de situations à étudier (au moins une situation) :
Les lois scolaires de Jules Ferry, la séparation de l'Église et de l'État en 1905 (les inventaires...)

Notions : Liberté de conscience, laïcité, pluralisme, liberté des cultes, etc.

3.2. Géographie. Étudier la France dans l'Union européenne

3.2.1 Appréhender l'idée de l'Europe au XXe siècle

Question à traiter obligatoirement
Cette étude historique permet d'éclairer la question de la France dans l'Union européenne. Elle est l'occasion de donner du sens à l'évolution de la géographie des territoires de l'UE.

Notions : Briand, les pères de l'Europe, CED, Marché commun, supranationalité, fédéralisme/Europe des patries, monnaie unique, élargissements, identité européenne, l'Europe dans le concert des nations, etc.

3.2.2 Caractériser la France dans l'Union européenne

On s'attachera à caractériser l'espace français dans l'Union européenne et dans le Monde. Étude d'une situation dans un des deux sujets au choix

• Les espaces productifs

Exemples de situations à étudier (au moins une situation):

Un système productif local, un technopôle, un pôle de compétitivité, un exemple de reconversion, etc.

Notions: Système productif, technopôle, déconcentration, division spatiale du travail, reconversion, métropoles...

• Les mobilités de la population

Exemples de situations à étudier (au moins une situation):

Les déplacements dans une aire urbaine, une station touristique en été ou en hiver, l'effet TGV, etc.

Notions: Migrations pendulaires, espaces attractifs, périurbanisation, littoralisation...

3.2.3 Identifier les territoires en France et dans l'Union européenne

Étude obligatoire d'une situation au choix dans ce sujet

• Les territoires de la France au sein de l'espace européen

Exemples de situations à étudier (au moins une situation):

La région de l'établissement en France et dans l'UE, un exemple d'aménagement territorial soutenu par l'UE, un exemple de grande région de l'Union européenne, la diversité des territoires européens, etc.

Notions: Espace Schengen, zone euro, Interrég, réseaux et flux...

À l'issu de ces enseignements, les élèves de première doivent savoir :

- Mémoriser et restituer les principales connaissances et notions.
- Utiliser le vocabulaire disciplinaire.
- Identifier un document (nature, auteur, contexte).
- Dégager l'idée essentielle d'un document, ou lui donner un titre.
- Relever, classer et hiérarchiser les informations contenues dans un document ou dans un ensemble documentaire. Les mettre en relation avec ses connaissances.
- Compléter une carte, un croquis ou un schéma fléché.
- Utiliser des outils documentaires, atlas, dictionnaires ; manuels, outils informatique.
- Acquérir de l'autonomie dans la prise de notes.
- Confronter des points de vue.
- Rédiger un texte organisé respectant les règles de l'orthographe et de la syntaxe, présenté soigneusement.
- Dater les faits principaux et les situer dans leur contexte historique.
- Discerner les temps long et les temps courts, les ruptures et les continuités de l'histoire.
- Présenter et caractériser, à l'écrit ou à l'oral, un événement historique.
- Présenter un personnage et son action dans une situation historique.
- Comparer des situations historiques.
- Localiser une situation par rapport à des repères géographiques.
- Repérer le même espace sur des cartes de projection ou d'échelle différentes.
- Décrire et caractériser une situation géographique.
- Comparer des situations géographiques.

Sommaire

Histoire

3.1.1
Distinguer les évolutions sociales en France de 1830 à 1970

Conforme au programme 2015 de première professionnelle de l'enseignement agricole

Sommaire
Géographie

CAPACITÉS HISTOIRE

- Confronter des points de vue
- Utiliser le vocabulaire disciplinaire
- Distinguer les temps longs et les temps courts

Le travail des ouvrières du textile au début du XXe siècle

Ouvrières travaillant au triage de la laine dans l'entreprise Motte à Roubaix vers 1910. Roubaix regroupe alors des usines de filature, de tissage et de teinturerie. La grande industrie textile, implantée au cœur de la ville, emploie plus de 120 000 ouvriers en 1910 (Ferdinand Gueldry, *Scène de tirage de la laine*, 1910, Musée de la Piscine, Roubaix).

- Objectif 3.1.1 du module MG.1
- Sujet d'étude au choix, une situation à étudier si ce sujet est choisi.

3.1.1

1. Être ouvrier en France de 1830 à 1970

SITUATION 1 La grève de Carmaux et Jean Jaurès

La grève des mineurs de Carmaux est un exemple des grèves très dures qui secouent le monde ouvrier au XIXe siècle et au début du XXe. Les ouvriers français, d'abord peu nombreux et peu organisés, forment des syndicats à partir de 1884 afin d'obtenir l'amélioration de leurs conditions de vie et de travail.

SITUATION 2 1936 : les occupations d'usines

Au XXe siècle, les ouvriers français, de plus en plus nombreux (4,7 millions en 1911, 7 millions en 1931), syndiqués majoritairement à la CGT, constituent une force politique importante qui fait la démonstration de sa puissance lors des grandes grèves de 1936. Celles-ci éclatent spontanément après la victoire électorale des partis de gauche (radicaux, SFIO – socialiste – et communistes) ; elles aboutissent à d'importantes conquêtes sociales.

SITUATION 3 Être ouvrier chez Renault dans les années 1950-1960

Les usines Renault de Boulogne-Billancourt sont nationalisées à la Libération. Les conditions de travail (travail à la chaîne, taylorisation), la forte syndicalisation du personnel et l'importante influence du parti communiste en font, pour les ouvriers français, un symbole et un modèle.

SITUATION 1 La grève de Carmaux et Jean Jaurès

Les ouvriers mineurs de Carmaux, arrivés récemment de zones rurales, ont des conditions de vie et de travail très dures. Entre 1855 et 1914, ils déclenchent 14 grèves. La plus longue est celle de 1892, lors de laquelle les mineurs s'opposent au marquis de Solages, administrateur de la mine et député de la circonscription. Ils sont soutenus par Jean Jaurès, député du Tarn de 1885 à 1889, puis, presque sans interruption, de 1893 à sa mort.

1 La chronologie de la grève

15 mai 1892	Victoire aux élections municipales de Jean-Baptiste Calvignac, ouvrier et secrétaire général du syndicat de la mine. Il devient maire de Carmaux.
2 août 1892	Renvoi de Calvignac par la Compagnie, en raison d'absences dues à l'exercice de son mandat.
Août-septembre 1892	Grève générale de 2350 mineurs sur 3000. Arrestation et condamnation de dix mineurs responsables de la mise à sac du bureau de la direction. Envoi par Loubet, président du Conseil, de 1500 hommes de troupe, et proposition simultanée d'arbitrage. Article de Jaurès: « La Compagnie, en faisant du bulletin de vote une dérision, a criminellement provoqué la violence des ouvriers. »
14 octobre 1892	Devant l'agitation et son retentissement parisien à l'initiative de Jaurès, démission du marquis de Solages de son mandat de député.
30 octobre 1892	Arbitrage de Loubet: Calvignac est réintégré. Les grévistes, à l'exception des dix condamnés, sont réembauchés. Jaurès conclut: « La victoire ouvrière de Carmaux donnera un élan nouveau à la démocratie. Elle excitera les travailleurs à se syndiquer plus largement. »
Décembre 1892	Désignation de Jaurès comme candidat des ouvriers et des socialistes, pour l'élection du siège laissé vacant par le marquis de Solages.
8 janvier 1893	Élection de Jaurès. Il l'emporte avec 1172 voix d'avance, celles des mineurs de Carmaux.

2 Les principaux acteurs de l'événement

Jean-Baptiste Calvignac, l'homme à l'origine de la grève. Employé à la mine comme ajusteur, il a fondé le syndicat en 1883.

Le marquis de Solages, opposé à la grève. Député de Carmaux, cet administrateur de la Compagnie est aussi le gendre de son directeur, le baron Reille.

Jean Jaurès (1858-1914), favorable à la grève. Professeur de philosophie, journaliste et homme politique, il devient socialiste en défendant les mineurs de Carmaux. Rédacteur en chef du journal socialiste *L'Humanité*, il acquiert une grande influence sur le mouvement ouvrier français.

CAPACITÉS

- Analyser une situation historique
- Utiliser le vocabulaire disciplinaire
- Confronter les points de vue

3 La condamnation de la grève

Nous aussi nous défendons un principe, et c'est pour cela que nous résistons. [...] Il faut que cette question soit tranchée une fois pour toutes. Il est nécessaire que tous ceux qui ont en France 5, 10, 500 ou 3000 ouvriers à conduire soient désormais fixés sur la question de savoir s'ils sont maîtres chez eux ou s'ils doivent être exposés au désordre, à la ruine, à la déconsidération chaque fois que cela plaira à un agitateur socialiste ou à un syndicat.

Extrait d'une interview du baron Reille, directeur de la mine de Carmaux, *Le Figaro*, 10 octobre 1892.

4 La victoire des ouvriers

La grève de Carmaux est terminée. On en peut maintenant marquer les résultats. Ils sont grands, très grands et durables. [...] Il est certain maintenant qu'aucune compagnie, aucune société industrielle n'osera créer des difficultés aux ouvriers investis d'un mandat électif : le suffrage universel s'est défendu trop énergiquement pour qu'on puisse l'inquiéter de nouveau. Ainsi, dans toutes les agglomérations industrielles d'abord, et bientôt de proche en proche, dans toutes les communes, les salariés auront une part du pouvoir administratif ; il y aura là pour le socialisme comme des forteresses locales, et de plus les travailleurs auront là un point d'appui pour envoyer des représentants dans toutes les assemblées. [...] La victoire de 3000 ouvriers permet d'affirmer que la solidarité des millions de salariés qui peinent en France aura bientôt raison de toutes les résistances.

Jean Jaurès, *La Dépêche*, 8 novembre 1892.

5 La grève des mineurs de Carmaux, dans *Le Petit Parisien* du 10 octobre 1892

ITINÉRAIRE 1

Analyser une situation

1. Quel événement déclenche la grève à Carmaux ? (doc. 1)
2. Quels liens établir entre cette grève et Jean Jaurès ? (doc. 1, 2 et 5)

Confronter des points de vue

3. Au nom de quel principe le directeur de la mine justifie-t-il son action ? (doc. 3)
4. Caractérisez l'attitude du gouvernement et son évolution au cours de la grève de 1892. (doc. 1 et 5)
5. Quel principe Jean Jaurès défend-il en soutenant les mineurs de Carmaux ? (doc. 1 et 4)

ITINÉRAIRE 2

Présentez les grands traits de la grève de 1892 à Carmaux : motif, acteurs, déroulement, conséquences. Vous soulignerez le rôle joué par Jean Jaurès.

SITUATION 2 1936 : les occupations d'usines

Dès la victoire électorale du Front populaire en mai 1936, 12 000 grèves spontanées éclatent dans toute la France ; les lieux de travail sont occupés, des usines métallurgiques aux grands magasins parisiens. Le mouvement culmine en juin avec deux millions de grévistes. Le gouvernement organise des négociations entre les représentants du patronat et des syndicats, elles aboutissent aux accords Matignon.

1 Les trois phases des grèves

	La vie politique	Les grèves
du 3 mai au 1er juin 1936	Le 3 mai 1936, victoire électorale du Font populaire, coalition des trois grands partis de gauche : radicaux-socialistes, socialistes de la SFIO et communistes (qui soutiennent le gouvernement sans y participer). Cette victoire provoque une grande liesse populaire.	Grèves spontanées à partir du 11 mai dans les entreprises métallurgiques, mécaniques, aéronautiques et automobiles pour soutenir le Front populaire.
du 2 juin au 11 juin 1936	• Le 4 juin, entrée en fonction du gouvernement formé par Léon Blum, chef de file du Front populaire. • Le 7 juin, accords de Matignon.	• Généralisation des grèves aux industries chimiques, au bâtiment, au textile et dans les grands magasins. Extension même à de petites entreprises familiales. • Pic des grèves le 11 juin avec plus de 1,8 million de grévistes.
du 12 juin au mois de juillet 1936	• Le 11 juin, les deux semaines de congés payés sont votées. • Le 12 juin, la semaine de 40 heures est votée.	Phase de reflux. Reprise progressive de contrôle par les organisations syndicales.

2 La victoire du Front populaire

Manifestation de grévistes à Vincennes pendant le Front populaire, 13 juin 1936.

CAPACITÉS
- Distinguer temps long et temps court
- Analyser des informations
- Mémoriser et restituer les principales notions

3 **Grévistes se livrant à des jeux dans la cour d'une usine occupée, juin 1936**

4 Une fête ouvrière

Cette grève en elle-même est une joie. Une joie pure. Une joie sans mélange. Oui, une joie. J'ai été voir les copains dans une usine où j'ai travaillé il y a quelques mois. J'ai passé une heure ou deux avec eux. Joie de pénétrer dans l'usine avec l'autorisation souriante de l'ouvrier qui garde la porte. Joie de trouver tant de sourires, tant de paroles d'accueil fraternel. Joie de parcourir librement ces ateliers où on était rivé sur sa machine. Joie d'entendre, au lieu du fracas impitoyable des machines, de la musique, des chants et des rires. On se promène parmi ces machines auxquelles on a donné pendant tant et tant d'heures le meilleur de sa substance vitale, et elles se taisent, elles ne coupent plus les doigts, elles ne font plus mal. […] Bien sûr, cette vie si dure recommencera dans quelques jours. Mais on n'y pense pas. Enfin, pour la première fois et pour toujours, il flottera autour de ces lourdes machines d'autres souvenirs que le silence, la contrainte, la soumission. Des souvenirs qui mettront un peu de fierté au cœur, qui laisseront un peu de chaleur humaine sur tout ce métal. […] On n'a pas cette énergie farouchement tendue, cette résolution mêlée d'angoisse si souvent observée dans les grèves. On est résolu, bien sûr, mais sans angoisse. On est heureux.

Simone Weil, « La vie et la grève des ouvriers » in *La Condition ouvrière*, 10 juin 1936, Gallimard.

5 Les accords de Matignon

Art. 1 : La délégation patronale admet l'établissement immédiat de contrats collectifs de travail. […]

Art. 3 : L'observation des lois s'imposant à tous les citoyens, les employeurs reconnaissent la liberté d'opinion ainsi que le droit pour tous les travailleurs d'adhérer librement et d'appartenir à un syndicat professionnel. […]

Art. 5 : Dans chaque établissement employant plus de 10 ouvriers […], il sera institué deux ou plusieurs délégués ouvriers suivant l'importance de l'établissement. Ces délégués ont qualité pour présenter à la direction les réclamations individuelles […] visant à l'application des lois, du Code du travail, des tarifs de salaires et des mesures d'hygiène et de sécurité.

Extraits des accords de Matignon, 7 juin 1936.

ITINÉRAIRE 1

Distinguer temps long et temps court

1 Le calendrier des grèves coïncide-t-il avec le calendrier politique ? Justifiez votre réponse. (doc. 1 et 2)

2 Selon Simone Weil, quelle rupture importante apportent les grèves de 1936 dans l'esprit des grévistes ? (doc. 3)

Analyser des informations

3 Dans quelle atmosphère se déroulent les occupations d'usines ? (doc. 3 et 4)

4 À quels progrès sociaux aboutissent tout à la fois les grèves, les mesures du Front populaire et les accords de Matignon ? (doc. 1 et 5)

ITINÉRAIRE 2

Présentez les caractères exceptionnels des grèves de 1936. Expliquez pourquoi, aujourd'hui encore, elles restent une référence dans l'histoire du mouvement ouvrier.

SITUATION 3 Être ouvrier chez Renault dans les années 1950-1960

CONSIGNE GÉNÉRALE

Par groupe, vous allez étudier les particularités du travail dans les usines Renault. Chaque groupe va présenter à l'oral le résultat de son travail. Vous prendrez en note les informations importantes.

En 1945, après la guerre, les usines de Louis Renault sont nationalisées. L'usine de l'île Séguin, à Boulogne-Billancourt, emploie 42 000 salariés et produit 200 000 voitures. Le syndicat CGT et le parti communiste jouent un rôle important dans ce que l'on appelle alors, une « forteresse ouvrière ».

ÉQUIPE 1 La hiérarchie ouvrière chez Renault

Vous devez présenter la firme Renault, la composition de son personnel ainsi que l'évolution de celui-ci.

1 Une hiérarchie ouvrière marquée

Nous étions des ouvriers professionnels, « l'aristocratie ouvrière ». Les ouvriers spécialisés, les OS, eux, n'avaient que leur force de travail à vendre. […] Nous, les ouvriers qualifiés, nous trouvions toujours des moyens de négocier les délais en disant : « Il faut plus de temps pour faire ça ». On pouvait toujours se défendre. […] L'organisation scientifique du travail était faite pour les OS par les bureaux des méthodes, et on les mettait devant le fait accompli. […] Les chronométreurs, c'étaient eux les responsables des « cadences infernales ». La plupart d'entre eux, du reste, étaient d'anciens ouvriers.

Témoignage de Daniel Mothé, ouvrier chez Renault de 1950 à 1972, *L'Histoire* n° 195, janvier 1996.

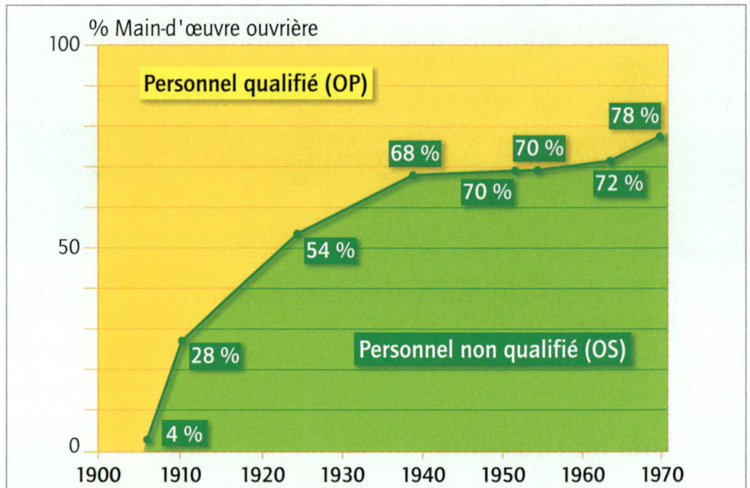

2 Le personnel Renault de 1900 à 1970

3 Sortie de l'usine Renault

4 L'évolution de la carrière

Chez Renault, dans les années 1950-1960, les ouvriers étaient pleins d'espérance. Il y avait alors deux sortes d'espoir pour ceux qui y travaillaient : d'une part, l'espoir individuel d'une promotion, la possibilité d'atteindre un niveau de vie supérieur, d'acheter une voiture – de vieilles voitures que nous réparions nous-mêmes ; d'autre part, l'espérance collective en un monde meilleur diffusée par les syndicats. […] On travaillait quarante-huit heures, soit cinq jours et demi, et souvent le samedi toute la journée. Les gars l'acceptaient parce qu'il y avait cet espoir de promotion. La promotion était marquée symboliquement par l'autorisation du port de la blouse. Après la guerre, on travaillait avec des bleus ; la maîtrise avait une blouse grise ou bleue ; au-dessus, le chef d'atelier portait une blouse blanche, les ingénieurs aussi ; donc, le passage du bleu de travail à la blouse, c'était le symbole qu'on avait franchi soit une strate hiérarchique, soit qu'on passait dans les bureaux – les bureaux, c'était l'idéal.

Témoignage de Daniel Mothé, ouvrier chez Renault, *L'Histoire* n° 195, janvier 1996.

ÉQUIPE 2 Le travail chez Renault

Vous devez présenter la vie dans l'usine Renault : les conditions de travail, le climat social.

5 Le témoignage d'un ouvrier

Il est intolérable d'entendre dire que les ouvriers de chez Renault ont été des martyrs ou des héros. Les conditions de travail y étaient bien meilleures qu'ailleurs, la tolérance bien plus grande que chez Simca, Peugeot…. Si nous avons été les premiers à avoir les trois semaines de congé, c'est que nous étions à une époque de compromis, et qu'il n'y avait pas de lutte héroïque pour les arracher. On ne risquait rien à être syndiqué chez Renault ; on ne risquait rien à fomenter une grève. Moi, je n'ai jamais été mis à la porte, et pourtant j'ai organisé des débats dans l'atelier.

Témoignage de Daniel Mothé, ouvrier chez Renault, *L'Histoire* n° 195, janvier 1996.

6 La chaîne de montage de la 4 cv

Au début des années 1950, c'est dans l'usine de Boulogne Billancourt que l'on assemble cette voiture très populaire.

7 33 jours de grève en 1968

Au terme d'une longue grève avec occupation d'usine, les 38 000 ouvriers obtiennent des augmentations de salaires, la réduction d'une heure par semaine de travail, des droits syndicaux améliorés et le paiement à 50 % des jours de grève.

COURS

Être ouvrier en France de 1830 aux années 1970

Chaîne de montage de l'usine Citroën (1930)

Au cours des XIXe et XXe siècles, la part des ouvriers dans la population active augmente, les conditions de travail des ouvriers se transforment et leur niveau de vie est amélioré, après bien des luttes et des négociations.

Les mutations du travail ouvrier

De l'atelier à l'usine

La France entre lentement et tardivement dans la révolution industrielle, et la proportion d'ouvriers y est assez faible (moins du tiers de la population active en 1906). Souvent employés, à la fin du XIXe siècle, dans de petites unités de production où leur savoir-faire est essentiel (ateliers, petites usines, entreprises artisanales, bâtiment), ils sont de plus en plus nombreux au XXe siècle à travailler dans de grandes entreprises, textiles, minières, métallurgiques et mécaniques. Leur nombre passe de 7 millions en 1931 à 8,2 en 1975.

Taylorisation et travail à la chaîne

Au début du XXe siècle, les méthodes de l'Américain Taylor sont mises en œuvre dans l'industrie, surtout automobile. Du fait de l'organisation scientifique du travail, les activités sont décomposées en une succession de tâches simples, courtes, répétitives et minutées. Ce travail à la chaîne est accompli par des ouvriers peu qualifiés (OS) ou simples manœuvres. Toutefois cette organisation nécessite aussi le recours à des ouvriers qualifiés chargés de l'entretien et des réglages des machines. Du fait de ces transformations, les sites de production se concentrent, comme par l'usine Renault à Billancourt.

L'automatisation

Grâce aux progrès de l'électricité et de l'électronique, les machines exécutent automatiquement toute une série d'opérations, seules les finitions sont accomplies par des ouvriers qualifiés, les OS étant souvent des immigrés ou des femmes. À l'image de l'automobile, les entreprises produisent, de 1950 à 1970, des biens en grande série destinés à un marché de masse. L'augmentation de la production est soutenue par la progression régulière du pouvoir d'achat des français.

Les conquêtes sociales

1841	Journée de travail limitée à 12 heures pour les moins de 16 ans (8 heures pour les 8-11 ans).
1848	Journée de travail limitée à 10 heures à Paris et 11 heures en province.
1864	Le droit de grève est reconnu.
1874	Interdiction du travail pour les moins de 12 ans.
1884	Loi instaurant la liberté syndicale.
1890	Première fête du travail le 1er mai.
1895	Fondation de la Confédération générale du travail.
1906	Instauration de 24 heures de repos hebdomadaire.
1919	Fondation de la Confédération des travailleurs chrétiens. Journée de 8 heures (6 jours par semaine).
1936	Semaine de 40 heures, deux semaines de congés.
1950	Création du SMIG (salaire minimum interprofessionnel garanti).
1956	Trois semaines de congés payés.
1964	Fondation de la Confédération démocratique du travail.
1969	Quatrième semaine de congés payés.
1970	Le SMIC (salaire minimum interprofessionnel de croissance) remplace le SMIG.

Le mouvement ouvrier

Les premières organisations

Au XIXe siècle, la faiblesse des salaires et les conditions de vie très dures des ouvriers suscitent des grèves, voire des émeutes, toujours réprimées par l'État, comme à Carmaux en 1892. Sous le second Empire, les ouvriers obtiennent le droit de s'associer et fondent des sociétés d'assistance et de secours mutuel.

La création des syndicats

À partir de 1884, les salariés ont le droit de fonder des syndicats qui sont, en principe, indépendants des partis politiques. Le principal d'entre eux est la CGT qui, après la Première Guerre mondiale, est très marquée par l'idéologie communiste. Deux tendances s'affrontent : un courant est favorable à une révolution anticapitaliste, avec la grève générale comme moyen d'action ; l'autre, réformiste, pense possibles des réformes négociées.

L'intégration républicaine

Les fédérations de métiers s'unifient en 1895 en une confédération générale du travail (la CGT). Elle regroupe 700 000 adhérents en 1914 et 3,9 millions au début des années 1930. À l'heure du suffrage universel, le pouvoir politique ne peut ignorer une classe ouvrière aux effectifs croissants. Pour l'État, les syndicats deviennent davantage des partenaires que des adversaires. Lors des grands conflits sociaux, il organise des négociations patronat-syndicat qui aboutissent en 1936 aux accords de Matignon, puis en 1968 à ceux de Grenelle.

L'ouvrier, héros de cinéma
La Bête humaine, adaptée du roman d'Émile Zola, raconte l'histoire d'un conducteur de locomotive. Le film, de Jean Renoir, est tourné en 1938.

La vie et la culture ouvrières

Les conquêtes sociales

Les négociations entre patronat et syndicats, arbitrées par le gouvernement (« politique contractuelle »), améliorent la situation des ouvriers : congés payés, diminution du temps de travail, augmentations de salaires. Hormis les périodes de crise, la hausse du pouvoir d'achat des ouvriers est constante depuis 1870. Toutefois, la part de l'alimentation et celle du logement restent très importantes dans leur budget, et ce n'est qu'en 1939 que la viande supplante le pain dans les menus des ouvriers. En dépit de ces progrès, le taux de syndicalisation diminue : un salarié sur quatre est syndiqué en 1970, contre un sur deux en 1950.

Une identité spécifique

La concentration des ouvriers dans les villes et les usines favorise la constitution d'une culture propre : fêtes de quartiers, d'usines, orphéons (sorte de chorales), etc. ; associations et municipalités fondent des colonies de vacances, des clubs de sport, des bibliothèques. Les ouvriers, catégorie sociale la plus nombreuse, inspirent des œuvres artistiques : films, chansons, pièces de théâtre, etc.

Comprendre le cours

1. En quoi le travail des ouvriers est-il différent de celui des artisans ?
2. Quels sont les principaux progrès sociaux de 1841 à 1970 ?
3. Quand naissent les premiers syndicats ?
4. Qu'est-ce que les accords de Matignon ?
5. Qui est « la bête humaine » ? en quoi symbolise-t-elle la révolution industrielle ?
6. Entre le début du XIXe siècle et la fin du XXe y-a-t-il une amélioration ou une dégradation des conditions de travail des ouvriers ?

Notions

Taylorisme : chaque ouvrier n'accomplit qu'un seul geste simple, la chaîne amenant les pièces devant chaque poste.

OS : ouvrier spécialisé qui a appris sa spécialité professionnelle en moins d'un mois.

Conscience de classe : sentiment d'appartenance à une classe sociale et volonté de défendre ses intérêts collectifs.

Syndicalisme : lutte collective pour la défense d'intérêts communs, matériels et moraux.

Analyser une image

Démarche

Usine textile à Mulhouse. La salle de peigneuses Heilmann pour la laine, Barclay (illustrateur d'après photographie) et Kohl (graveur), 1889.

1 Présenter l'image

Vous devez présenter la nature de l'image, la date de sa réalisation, le thème représenté.

Le document est une gravure d'après photographie de Barclay et Kohl. L'œuvre représente l'intérieur d'une usine textile à Mulhouse à la fin du xixe siècle.

2 Décrire et relever les informations essentielles

Vous devez décrire les éléments identifiables sur l'image (paysage ou intérieurs, personnages, attitudes).

Dans une grande salle, éclairée par le haut grâce à une verrière, deux ouvrières, situées au premier plan, en robe longue et tablier, s'affairent près d'immenses machines. Ces machines sont des peigneuses mécaniques verticales destinées à peigner la laine. On voit du fil sortir des machines, plus régulier qu'après un peignage manuel. Le titre du document évoque le nom de l'inventeur de ces peigneuses : Josué Heilmann (machine inventée en 1843). Au fond, on distingue une troisième ouvrière mais on constate que la main d'œuvre dans cette salle est peu nombreuse. Les tenues rappellent que la scène se passe avant la Première Guerre mondiale.

3 Mettre le document en relation avec ses connaissances

Vous devez expliquer ce que le document nous apprend sur les lieux et les acteurs de l'industrialisation.

L'œuvre met en évidence la modernisation industrielle de la seconde partie du xixe siècle. La scène se passe à Mulhouse, l'une des villes pionnières de l'industrialisation. Cette scène n'est que partiellement représentative des usines et du monde ouvrier. Les conditions de travail sont en fait très inégales.

Exercice d'application

■ **Usine à gaz de Courcelles** (Paris), Ernest-Jean Delahaye (1855-1921), huile sur toile, 1884.

1 Présenter l'image

Présentez la nature de l'image, sa date ainsi que le lieu et le thème représenté.

2 Décrire et relever les informations essentielles

Présentez les informations repérables en les regroupant par thèmes : personnages (identification, vêtements, attitudes, etc.), lieu et environnement.

3 Mettre le document en relation avec ses connaissances

Expliquez les objectifs recherchés dans cette représentation et présentez l'intérêt du document.

ÉVALUATION Mobiliser ses connaissances (20 points)

1 Dater des faits importants (1 POINT)

Les syndicats ont une existence légale en France depuis :

a. 1864 **b.** 1884 **c.** 1936

2 Utiliser le vocabulaire disciplinaire (1 POINT)

Quelle définition correspond au terme « OS » ?

a. Un ouvrier syndiqué, qui a adhéré à un syndicat pour défendre ses intérêts professionnels.
b. Un ouvrier spécialiste doté d'une haute qualification professionnelle.
c. Un ouvrier spécialisé dans un petit nombre de gestes techniques.

3 Citer un acteur (3 POINTS)

Citez le nom d'un personnage important dans l'histoire des ouvriers et expliquez quel a été son rôle.

4 Dégager l'intérêt d'un document (5 POINTS)

Étudiez attentivement ce tract syndical de 1906 et dégagez le message principal qu'il adresse aux salariés.

5 Restituer une notion (1 POINT)

Donnez la définition de « taylorisme ».

6 Mettre en relation avec ses connaissances (1 POINT)

À quel événement le texte fait-il référence ?

« D'heure en heure on apprenait que toutes les usines métallurgiques voisines [de Renault] débrayaient… Au cours des jours suivants, l'alimentation, le textile, les transports, les grands magasins, entrent dans le mouvement… Dans l'usine, la vie s'est rapidement organisée. Des « piquets » ont été installés aux portes. »

Jacques Delarue, « 1936 en France », Revue *Matériaux pour l'histoire de notre temps*, n° 6, 1986.

7 Maîtriser les connaissances du cours (2 POINTS)

Répondez par vrai ou par faux aux affirmations suivantes

	Vrai	Faux
1. À partir de 1906, les actifs français sont majoritairement des ouvriers.		
2. La CGT (Confédération générale du travail) est fondée en 1884.		
3. Le Front populaire instaure la semaine de 40 heures.		
4. SMIC signifie : salaire minimum de croissance.		

8 Dégager l'idée essentielle d'un document (1 POINT)

Après avoir observé l'affiche ci-contre, présentez le contexte et précisez le type d'ouvrier concerné.

9 Caractériser un phénomène (2 POINTS)

Expliquez en quoi l'on peut parler d'une culture ouvrière spécifique. Donnez des exemples.

10 Rédiger un texte en utilisant le vocabulaire historique (3 POINTS)

Présentez les mutations du monde ouvrier français depuis le XIXe siècle. Votre réponse devra comporter les mots suivants : *usine, entreprise, organisation scientifique du travail, automatisation.*

La dénonciation de la condition ouvrière. Affiche réalisée par les étudiants des Beaux-Arts de Paris en mai 1968.

CAPACITÉS HISTOIRE

- Comparer des situations historiques
- Utiliser le vocabulaire disciplinaire
- Mémoriser et restituer les principales notions

La fenaison, à la fin du XIXe siècle

Instant repos après la coupe, le fanage et la récolte du fourrage. Cette représentation d'une scène classique est transformée par la vision du peintre impressionniste. En effet, Pissarro joue délicatement sur les ombres et la lumière. (Camille Pissarro, *La Meule*, Pontoise, 1873).

2. Le monde rural en France du début du XIXe siècle à 1970

SITUATION 1 La IIIe République dans les campagnes (1870-1914)

À l'époque de la révolution industrielle, alors que la ville est perçue comme agitée et dangereuse, les campagnes apparaissent comme immobiles et conservatrices. Pourtant, petit à petit, les paysans s'ouvrent aux valeurs de la IIIe République.

SITUATION 2 Être villageois dans le Quercy pendant les Trente Glorieuses

Le petit village de Douelle (Lot) a été étudié par l'économiste Jean Fourastié, qui en a fait le symbole des transformations du monde rural entre 1945 et 1975. Pendant ces trente années de croissance économique, le village passe du sous-développement à l'économie tertiaire, les modes de vie y changent profondément.

SITUATION 3 1961 : la naissance de l'enseignement agricole

Les lois Debré-Pisani de 1960-1961, dont l'une fonde l'enseignement agricole, font entrer l'agriculture française dans une phase de modernisation brutale et profonde. Les paysans d'autrefois deviennent des entrepreneurs performants, avides de progrès et de plus en plus productifs.

SITUATION 1 La IIIe République dans les campagnes (1870-1914)

La Révolution a permis à de nombreux paysans de devenir de petits propriétaires. En juin 1848, les électeurs des campagnes votent contre les socialistes qui ont fondé la IIe République. Mais la IIIe République veut rallier et unifier le monde rural.

1 Discours de Gambetta sur le vote rural

Eh bien, je voudrais qu'on fît pénétrer dans la tête de l'électeur rural que ce bulletin de vote, que ce carré de papier, c'est sa destinée, que c'est lui, quand il écrit un nom sur un carré de papier, qui se prononce souverainement sur le bien ou le mal qui doit lui arriver.

Si vous vouliez, mes amis, bien réfléchir à ceci : que la République que nous voulons, c'est une République d'ordre, de progrès, de réflexion, d'intérêt général, que nous avons horreur des agitations ; que ceux qui recherchent le trouble, le désordre, ce n'est pas nous ; [...] ,vous comprendriez immédiatement que ce que nous voulons, c'est que la démocratie française soit respectée. [...]

Je ne veux ni vous flatter ni vous diminuer, mais, dans un pays aussi éprouvé que le nôtre et qui, sur dix millions d'électeurs, compte huit millions d'agriculteurs, il est certain que vous aurez en mains les destinées de la patrie, vos propres destinées.

Gambetta, discours prononcé à Château-Chinon, dans la Nièvre, le 26 octobre 1877.

2 L'école primaire laïque, gratuite et obligatoire

Les lois Ferry de 1881 rendent l'école obligatoire. Dans chaque village on construit une école de filles et une école de garçons.

3 Droits de douane sur les importations agricoles

M. Jules Méline, président et rapporteur général de la Commission des douanes

Messieurs, j'ai essayé de dégager devant vous ce que j'appelle les raisons directes qui nous amènent à réviser les tarifs de 1860 dans un sens plus protecteur pour notre agriculture et notre industrie [...].

Grâce à l'esprit d'ordre et d'économie qui caractérise la classe des paysans français, une grande partie des bénéfices réalisés sur le marché intérieur et une portion notable des salaires passent à l'état d'épargne et constituent pour la France ces précieuses ressources qui sont un des gages les plus sûrs de son crédit et de sa puissance financière.

Débat sur le rapport général fait au nom de la Commission des douanes par J. Méline, 12 et 13 mai 1891.

4 Le départ des conscrits

Le départ pour le service militaire obligatoire est un moment important. (*Le Petit Journal*, 23 avril 1891)

CAPACITÉS
- Dégager l'idée essentielle d'un document
- Analyser un ensemble documentaire
- Utiliser le vocabulaire disciplinaire

5 Attestation de prix de comice agricole

À partir du XIXe siècle, dans chaque canton ou département, un comice agricole, concours de la meilleure production, met chaque année en compétition les agriculteurs.

6 Manifestation de viticulteurs en 1907

ITINÉRAIRE 1

Analyser un ensemble documentaire

1. Quel est le but de Gambetta, quand il prononce ce discours ? (doc. 1)
2. Quel est le rôle de l'école rurale ? (doc. 2)
3. En quoi les mesures prises par Méline sont-elles favorables aux agriculteurs ? Quels inconvénients peuvent-elles avoir quant au progrès ? (doc. 3)

Utiliser le vocabulaire disciplinaire

4. Expliquez l'expression « un sens plus protecteur ». (doc. 3)
5. Quels détails montrent l'importance du départ au service militaire ? (doc. 4)
6. Comment le diplôme met-il en valeur le monde agricole ? (doc. 5)
7. Expliquez le mécontentement des paysans ? (doc. 6)

ITINÉRAIRE 2

Montrez comment la IIIe République a su convaincre les ruraux et unifier leurs comportements.

SITUATION 2 Être villageois dans le Quercy pendant les Trente Glorieuses

CONSIGNE GÉNÉRALE

Par groupe, vous allez étudier l'évolution des conditions de vie et de travail dans le village de Douelle. Chaque groupe va présenter à l'oral le résultat de son travail. Vous prendrez en note les informations importantes.

Pendant une période de trente années, que l'on appelle les Trente Glorieuses, les campagnes françaises ont connu une évolution sans précédent. Entre 1946 et 1975, les modes de vie, restés très traditionnels, évoluent rapidement du fait des mutations de l'agriculture et des progrès techniques.

ÉQUIPE 1 L'évolution de la population active

Vous devez présenter les mutations de la population active et les modes de travail à Douelle entre 1946 et 1975.

1 La population de Douelle

	1946	1975
Population totale	534	670
Population active dont :	279	215
Agriculture	208	53
Ouvriers non agricoles	12	35
Artisanat	27	25
Tertiaire	32	102

2 L'agriculture à Douelle

	1946	1975
Nombre d'exploitations agricoles	92	39
Nombre d'hectares cultivés par exploitation	5	13
Nombre moyen de travailleurs par exploitation	2	1
Nombre de travailleurs pour 100 ha	28	8
Nombre d'animaux de labour	100	1
Nombre de tracteurs	2	40

3 Le village de Douelle en 1946, photographie de la rue principale

ÉQUIPE 2 L'évolution des conditions de vie

Vous devez présenter la modification des conditions de vie à Douelle entre 1946 et 1975. Votre réponse s'appuiera aussi sur les deux documents photographiques.

4 L'évolution du niveau de vie à Douelle

	1946	1975
Nombre de logements : maisons individuelles	163	212
dont maisons « neuves » (moins de 20 ans)	3	50
Équipement ménager		
Âtre traditionnel à bûches et fagots	150	5
Cuisinières à bois ou à charbon	10	10
Cuisinières à gaz butane ou électriques	3	197
Réfrigérateurs	5	210
Machines à laver le linge	0	180
Toilettes intérieures à chasse d'eau	10	150
Chauffage central	2	100
Téléphone	5	110
Automobiles pour le transport des personnes	5	280
Radio	50	250

Source : Jean Fourastié, *Les Trente glorieuses*, 1979.

5 Un village en 1965

À partir de 1950, la femme mène le train de la modernité, pousse à agrandir la maison où les vieux seront relégués dans leur petite réserve avec cuisine ; on hâte la construction d'un pavillon émancipateur, qui dissociera enfin les générations.

La nouvelle mère, qui accouche toujours en clinique désormais, consacre, à la manière urbaine, de multiples attentions d'hygiène, de diététique, de toilette à ses enfants. À l'âge scolaire, elle surveille leçons et devoirs, tire vanité des succès, jalouse ceux du petit voisin et va parfois jusqu'à récriminer contre les maîtres. [...]

La télévision introduit en vrac tous les éléments de la modernité, de la fusée spatiale à l'obsession du cancer. Elle fait pratiquer le français aux vieilles paysannes qui ne parlaient que breton et met Plodémet à l'heure nationale. Elle enseigne à l'école le monde moderne… « Je vais tous les jours [à l'école] grâce à mon poste », dit tante Thérèse, écolière de 80 ans.

Edgar Morin, *Commune en France*, © Librairie Arthème-Fayard, 1967.

6 Le village de Douelle aujourd'hui

SITUATION 3 1961 : la naissance de l'enseignement agricole

Créé en 1848, l'enseignement agricole moderne est né en 1960-1962, grâce aux lois de « modernisation de l'agriculture ». Les réformes mises en place à ce moment avaient pour objet de favoriser le progrès technique, mais aussi d'accompagner les mutations de l'espace rural liées à l'aménagement, à l'agroalimentaire et aux services.

1 Les raisons de la création de l'enseignement agricole

Fondamentalement, il fallait dire pourquoi, et comment, un « enseignement agricole ». Pourquoi cette catégorie sociale et elle seule mériterait-elle d'avoir, en propre, un réseau, un système comprenant le secondaire et le supérieur ? Trois raisons, sans doute : la méfiance des milieux agricoles, traditionalistes […], à l'égard d'établissements urbains ; le refus des familles de scolariser les filles ; le fait que l'activité agricole correspond tout autant à un état qu'à un métier.

[…] Collèges et lycées agricoles ont bientôt été occupés ; un doute avait cessé de jouer : on savait désormais qu'on n'était pas un bon fermier du fait qu'on était né dans une ferme.

Quelques principes simples ont été retenus : créer des établissements qui préparent les adolescents à un destin agricole et rural mais ne les enferment pas dans cette perspective parce que, les enfants étant nombreux et le nombre de fermes diminuant, il fallait préparer au départ ceux qui ne resteraient pas.

Témoignage de Edgard Pisani, ministre de l'agriculture, de 1961 à 1966.

2 Le lycée agricole des Vaseix, à Limoges

3 La fondation de l'enseignement agricole

L'enseignement agricole actuel a été fondé par les lois Debré-Pisani de 1960-1962. Depuis la fin de la Seconde Guerre mondiale, il était devenu évident que l'évolution des techniques agricoles, comme les transformations du monde rural et le déficit de la production agricole française rendaient nécessaire la mise en place d'une formation plus efficace pour l'ensemble des agriculteurs. Sous la IVe République, aucun projet de loi sur ce sujet n'avait pu aboutir. Ce sont le général de Gaulle et ses ministres qui font voter six lois de modernisation de l'agriculture selon lesquelles, pour la première fois depuis la fin du XIXe siècle, le maintien à la terre d'une importante population cesse d'être l'objectif de la politique agricole ; le pouvoir se résigne à la concentration des exploitations et donc à l'exode rural, mettant en place une politique résolument productiviste, dans le contexte du Marché commun européen.

Histoire, Nathan, 2009.

CAPACITÉS
- Dégager l'idée essentielle d'un document
- Classer et hiérarchiser les informations
- Mémoriser et restituer les principales notions

4 **Le lycée viticole de Bel-Air, à Saint-Jean d'Ardières, près de Mâcon**

En 1965, « pour désenclaver les ruraux », Edgard Pisani invente une discipline qui n'existe que dans l'enseignement agricole : l'éducation socioculturelle, qui permet aux élèves d'aller au théâtre – grâce au bus de l'établissement – de fréquenter des artistes et de participer à des ateliers de pratiques culturelles.

5 Les contenus de l'enseignement agricole

L'enseignement agricole a pour objet la formation des agriculteurs exploitants, aides familiaux, salariés, celle des techniciens, des ingénieurs et des cadres supérieurs destinés aux administrations publiques, à l'enseignement et à la recherche, aux organismes professionnels agricoles et autres et à la coopération technique internationale. Il forme également les docteurs vétérinaires. Ces différentes formations [...] reposent sur certains principes contenus dans la loi et qu'il paraît utile de rappeler.

1) Il est indispensable d'établir une harmonisation de l'enseignement agricole avec les enseignements général et technique, ce qui entraîne comme conséquence l'organisation de formations de niveaux analogues aboutissant à des titres équivalents. [....]

3) L'enseignement agricole doit, par une association intime des formations générales et professionnelles, permettre à ses élèves d'atteindre un niveau de culture générale comparable à celui des autres catégories socioprofessionnelles. Il ne s'agit pas de juxtaposer des recettes professionnelles à une formation générale mais d'obliger l'élève à mêler dans ses réflexions les connaissances et le métier en vue d'ouvrir son esprit. [...]

5) L'enseignement agricole et la formation professionnelle agricole relèvent du ministère de l'agriculture. [...]

Décret d'application de la loi du 2 août 1960, organisant l'enseignement et la formation professionnelle agricole.

6 1984, de nouvelles lois pour l'enseignement agricole

Les politiques menées dans les « années soixante » ont été centrées sur les progrès techniques et l'équipement rural. Mécanisation intensive, méthodes scientifiques de production, politiques des prix et des structures ont constitué les thèmes dominants d'une agriculture soucieuse de modernisation et ouverte à des marchés dont elle s'était protégée jusqu'alors. Ces efforts ont eu pour résultat une forte croissance en volume de la production.

Par ailleurs, l'agriculture constitue aussi un mode de vie et un ensemble d'activités concourant à l'entretien et à la promotion de l'espace rural. Une des richesses de la France reste dans la diversité de ses pays et, au sein d'un milieu rural en évolution continue, la vitalité du monde agricole est un des facteurs d'harmonie de la société française dans son ensemble.

Exposé des motifs du projet de loi « Rocard » portant rénovation de l'enseignement agricole public, 19 avril 1984.

ITINÉRAIRE 1

Dégager l'idée essentielle d'un document

1 Selon Edgard Pisani, quels buts les auteurs des lois dites « Debré-Pisani » assignent-ils à l'enseignement agricole ? (doc. 1)

2 Quelle évolution impose la création d'un enseignement agricole ? (doc. 3)

Classer et hiérarchiser des informations

3 Quelle est l'originalité de cet enseignement ? (doc. 2, 4 et 5)

4 En quoi cet enseignement est-il une réussite ? (doc. 6)

ITINÉRAIRE 2

Retracez l'histoire de votre établissement : origine, date de fondation, dénomination, particularités (missions remplies, modules spécifiques) et évolution.

COURS

Le monde rural en France du début du XIXe siècle à 1970

Au XIXe siècle, la fenaison représentée dans la peinture

Du XIXe siècle à nos jours, la plus grande partie de l'espace français est rurale. Même si la France des villes est devenue numériquement et économiquement plus importante, les Français restent très attachés à des campagnes marquées par l'activité agricole.

Le poids des campagnes

Le poids démographique

De 1850 à 1911, la part des ruraux passe de 76 à 56 % de la population, contre 40 % en Allemagne et 27 % en Grande-Bretagne. Du fait de l'industrialisation, l'exode rural commence à partir de 1870, et la population urbaine dépasse la population rurale en 1931. La vie communautaire régentée par coutumes et traditions évolue vers un mode de vie plus ouvert où gagnent l'individualisme et les usages urbains.

Le poids culturel et politique

Après 1870, la République se veut intégratrice par l'École, le suffrage universel, le service militaire et le rail. Ce modèle a fonctionné jusque dans les années 1960. L'importance de la campagne est manifeste dans la littérature (Balzac, George Sand, Zola...), puis au cinéma avec des films comme *Le Bonheur est dans le pré* (E. Chatiliez, 1995), ou des documentaires comme ceux de G. Rouquier, *Farrebique* (1946) et *Biquefarre* (1983).

Publicité pour le sulfate d'ammoniaque dans un almanach de 1911

L'importance de l'agriculture

Une activité de production

Au XIXe siècle et dans la première partie du XXe, l'agriculture représente une part essentielle de la production française malgré la croissance de l'industrie, d'ailleurs en partie localisée à la campagne. À partir de 1860, la modernisation des transports favorise la spécialisation des productions, et quelques grands propriétaires, appartenant à l'aristocratie ou à la grande bourgeoisie, utilisent des engrais chimiques, s'équipent de charrues à soc versoir, de batteuses et de moissonneuses tractées par des dizaines de chevaux. La plus grande partie des agriculteurs français pratique encore une polyculture marquée par « la routine » même si l'assolement remplace presque partout la jachère.

Une activité protégée

Malgré l'importance des grandes exploitations, la propriété agricole est essentiellement paysanne : en 1908, 84 % des exploitations sont cultivées par leur propriétaire. Grâce au protectionnisme (lois Méline) les prix des produits agricoles restent stables et les agriculteurs vivent mieux, comme en témoigne la qualité du mobilier rural.

Affiche de 1900 du syndicat central des agriculteurs, qui regroupe les propriétaires et les exploitants

De nouvelles campagnes

La modernisation de l'agriculture

À partir de 1945, les progrès techniques (mécanisation, sélection, engrais) causent une augmentation spectaculaire de la production : elle augmente de 3 % par an, contre moins de 1,5 % dans la période de l'entre-deux-guerres, alors que la part de la population active agricole diminue : 52 % en 1871, 37 % en 1939, 17 % en 1966. À partir des années 1960, les gouvernements encouragent une agriculture productiviste. Cependant, du fait de la stagnation des prix, et malgré le soutien européen, le revenu des agriculteurs augmente moins vite que celui des autres catégories socioprofessionnelles.

L'évolution de la population rurale

L'espace rural change profondément : la mécanisation rend nécessaire le remembrement qui transforme les paysages. Dépeuplées dans les années 1950-1960 les campagnes redeviennent ensuite attractives avec la croissance des résidences secondaires, le retour de retraités, l'implantation de nouvelles industries et le phénomène de « rurbanisation », lié à l'installation de populations urbaines dans les zones rurales. La surreprésentation politique des ruraux reste constante, car le découpage électoral favorise les cantons ruraux. Après les élections municipales de 1953, 53 % des 36 000 communes françaises avaient un agriculteur pour maire, c'était encore le cas de 40 % des communes dans les années 1980.

Comprendre le cours

1. Quel rôle joue l'école dans l'intégration des campagnes à la société française ?
2. Comment la République a-t-elle soutenu et encouragé le développement de l'agriculture ?
3. Quelle invention technique accélère la spécialisation agricole des régions ?
4. À partir de quelle période l'exode rural s'accélère-t-il ?
5. Expliquez quelles sont les caractéristiques de la transformation des campagnes.

Notions

Protectionnisme : politique visant à favoriser la production et la vente de produits nationaux en limitant les importations par l'établissement de tarifs douaniers.

PAC : politique agricole commune, mise en place par la Communauté européenne, dans les années 1960, afin de moderniser et de développer l'agriculture des États membres.

Exode rural : départ définitif des habitants des campagnes vers les villes.

Mécanisation : introduction de machines dans une activité, dans l'agriculture par exemple.

MÉTHODE Analyser une image

Démarche

Carte postale publicitaire. Ély coste pour le Comptoir Français de l'Azote, 1920.

1 Présenter le document

Présentez la nature de l'image, la date de sa réalisation, le thème représenté.

Le document est une carte postale publicitaire illustrée, réalisée par Ély Coste et émanant du Comptoir français de l'azote. Elle vante les bienfaits des engrais azotés sur la production agricole.

2 Décrire et relever les informations essentielles

Décrivez les éléments identifiables sur l'image (paysage, personnages, attitudes, etc.).

Au centre de l'image, un agriculteur en bras de chemise et chapeau, ensemence un vaste champ à la volée. Le champ est situé sur sa gauche. Devant lui, un gros sac contient les engrais azotés. À droite, le dessin montre de superbes récoltes de blé. Il fait beau, le ciel est bleu avec seulement un nuage de beau temps qui fait se détacher la silhouette du paysan. Sur la partie inférieure, les bienfaits de l'azote sont résumés en une phrase. Le commanditaire de la publicité se détache sur fond blanc, dans un bandeau, au bas du document : Comptoir français de l'azote.

3 Mettre le document en relation avec ses connaissances

Expliquez ce que le document nous apprend sur le monde rural dans les années trente.

Le document est représentatif des transformations et de la modernisation agricole depuis la fin du xixe siècle. L'emploi d'engrais a permis des récoltes plus abondantes, la question de l'environnement n'était pas encore posée. Le commanditaire est la plus grosse société française d'azote synthétique. Le document met aussi en évidence l'importance grandissante de la publicité, souvent simplificatrice comme ici.

Exercice d'application

■ **Affiche publicitaire** de la firme américaine Case, vers 1900.

1 Présenter l'image

Présentez la nature de l'image, sa date ainsi que le thème représenté. Votre réponse doit aussi présenter les destinataires.

2 Décrire et relever les informations essentielles

Présentez les informations repérables en les regroupant par thèmes : machines, personnages (identification, vêtements, attitudes, etc.), paysage.

3 Mettre le document en relation avec ses connaissances

Expliquez les objectifs recherchés dans cette représentation et présentez l'intérêt du document pour les mutations de l'agriculture en France.

ÉVALUATION Mobiliser ses connaissances (20 points)

1 Dater des faits importants (1 POINT)

En France, le pourcentage de population rurale est supérieur à celui de la population urbaine jusqu'en :

a. 1914. **b.** 1931. **c.** 1947.

2 Utiliser le vocabulaire disciplinaire (2 POINTS)

Citez cinq mots qui désignent les habitants des campagnes, du XIXe siècle à nos jours.

3 Restituer des connaissances (3 POINTS)

Expliquez l'évolution des campagnes françaises du XIXe siècle à nos jours.

4 Justifier une affirmation (2 POINTS)

Choisissez l'affirmation exacte et justifiez votre réponse.

La production augmente spectaculairement :

a. à partir de 1870, grâce aux décisions politiques de l'État.
b. à partir de 1908, grâce au protectionnisme et aux lois Méline.
c. à partir de 1945, grâce aux progrès techniques et à la sélection.

5 Analyser un document (2 POINTS)

À quelles valeurs cet emballage se réfère-t-il ?

■ Emballage du lait Candia

6 Restituer une notion (1 POINT)

Caractérisez la notion d'exode rural.

7 Donner un titre à un document (1 POINT)

Proposez un titre pour l'extrait suivant, en référence au moment de la vie rurale décrite.

« Les femmes autour de l'unique chandelle, tricotaient, filaient, travaillaient à des ouvrages qu'elles ne regardaient même pas. Les hommes, en arrière, fumaient nettement avec de rares paroles, pendant que, dans un coin, les enfants se poussaient et se pinçaient, étouffant leurs rires. Parfois on disait des contes… D'autres fois on entamait les histoires sans fin sur les loups… »

Émile Zola, *La Terre*, 1887.

8 Décrire une évolution (3 POINTS)

Présentez et expliquez l'évolution démographique des campagnes du XIXe siècle à 1970.

9 Dégager l'intérêt d'un document (2 POINTS)

Observez l'image ci-contre et identifiez le lieu et la scène. Quels aspects des transformations du monde agricole sont mis en évidence ?

10 Rédiger un texte en utilisant le vocabulaire historique (3 POINTS)

Présentez et expliquez les grandes phases de la modernisation de l'agriculture depuis le XIXe siècle jusqu'en 1970.

Votre réponse devra comporter les termes suivants : *mécanisation, progrès techniques, enseignement agricole, productivisme.*

Publicité pour la revue « *L'Agriculture moderne* » parue dans *Le Petit Journal* le 4 avril 1897.

CAPACITÉS HISTOIRE

- Relever, classer et hiérarchiser les informations d'un ensemble documentaire
- Dater les faits principaux et les situer dans leur contexte historique
- Mémoriser et restituer les principales notions

La réception, à l'Élysée, des représentants des différentes religions

Chaque année, en janvier, le président de la République reçoit à l'Élysée les autorités religieuses, lors de la cérémonie des vœux.

- Objectif 3.1.1 du module MG.1
- Sujet d'étude au choix, une situation à étudier si ce sujet est choisi.

3. La République et le fait religieux depuis 1880

SITUATION 1 Les lois scolaires de Jules Ferry

À partir de 1879, la mise en place du modèle républicain implique une œuvre législative importante en particulier dans le domaine scolaire. Les lois Jules Ferry sur l'école publique ont pour objectif de former de jeunes républicains patriotes.

SITUATION 2 La séparation des Églises et de l'État en 1905

La loi Ferry de 1882 a institué l'école laïque. La laïcité est progressivement mise en place dans la société et l'espace publique. En 1905, la loi de séparation des Églises et de l'État achève de faire de la République française, une République laïque.

SITUATION 3 Vivre la laïcité en France, aujourd'hui

La laïcité, c'est-à-dire la neutralité de l'État au plan des croyances, s'est progressivement imposée depuis le début du XXe siècle. Principe fondamental de la République qui garantit la liberté de conscience, la laïcité doit périodiquement être réaffirmée.

SITUATION 1 Les lois scolaires de Jules Ferry

CONSIGNE GÉNÉRALE

Par groupe, vous allez étudier les lois scolaires de Jules Ferry. Chaque groupe va présenter à l'oral le résultat de son travail. Vous prendrez en note les informations importantes.

Les lois scolaires de Jules ferry de 1881 et 1882, marquent un tournant dans l'histoire de la République. Malgré les oppositions, elles instaurent l'école publique, gratuite, laïque et obligatoire.

ÉQUIPE 1 La mise en place de l'école laïque

Vous devez présenter Jules Ferry et les lois scolaires de 1881 et 1882 en les replaçant dans le contexte de l'époque.

1 L'école primaire d'Orbigny, Indre-et-Loire, en 1909

2 Jules Ferry (1832-1893)

Plusieurs fois Président du Conseil et ministre de l'Instruction publique, il attache son nom aux lois de 1881 et 1882 sur la gratuité, la laïcité et l'obligation de l'école. Il fait aussi voter des lois sur les libertés et défend l'expansion coloniale.

3 Loi du 16 juin 1881

Art. 1. Il ne sera plus perçu de rétribution scolaire dans les écoles primaires publiques.

Loi du 28 mars 1882

Art. 1er. L'enseignement primaire comprend :

– l'instruction morale et civique ;
– la lecture et l'écriture ;
– la langue et les éléments de la littérature française ;
– la géographie, particulièrement celle de la France ;
– l'histoire, particulièrement celle de la France jusqu'à nos jours ;
– quelques notions usuelles de droit et d'économie politique ;
– les éléments des sciences naturelles, physiques et mathématiques, leurs applications à l'agriculture, à l'hygiène, aux arts industriels, travaux manuels et usages des outils des principaux métiers ;
– les éléments du dessin, du modelage et de la musique ;
– la gymnastique ;
– pour les garçons, les exercices militaires ;
– pour les filles, les travaux d'aiguille.

Art. 2. Les écoles primaires vaqueront un jour par semaine, outre le dimanche, afin de permettre aux parents de donner, s'ils le désirent, à leurs enfants, l'instruction religieuse, en dehors des édifices scolaires.

Art. 4. L'instruction primaire est obligatoire pour les enfants des deux sexes âgés de six ans révolus à treize ans révolus.

Art. 6. Il est institué un certificat d'études primaires ; il est décerné après un examen public auquel pourront se présenter les enfants dès l'âge de onze ans. Ceux qui à partir de cet âge, auront obtenu le certificat d'études primaires, seront dispensés du temps de scolarité obligatoire qui leur restait à passer.

Lois scolaires, dites « lois Ferry », 1881 et 1882.

ÉQUIPE 2 Les oppositions aux lois laïques des années 1880

Vous devez montrer quels types d'oppositions l'école publique de Jules Ferry a rencontrées et présenter un exemple de mise en œuvre de ces lois.

4 **Le choix de l'école vu par un journal républicain**

Le *Don Quichotte* est un journal satirique, républicain et anticlérical.

5 **L'école publique laïque vue par un journal catholique**

La Bastille est un hebdomadaire clérical qui parut de 1902 à 1915.

6 La rentrée scolaire de 1882, vue du côté catholique

L'Univers *est un journal catholique antirépublicain.*

Dans l'école laïque, le crucifix et l'image de la Sainte Vierge ont été enlevés, les pieuses sentences[1], les principes de la morale chrétienne inscrits sur les murs ont été effacés. Le maître a commencé sa classe sans invoquer le nom de Dieu. Au nom de la religion, au nom du patriotisme, il faut maudire ce jour d'innovation funeste[2], qui livre nos écoles, nos enfants à l'expérience d'un enseignement contraire à la tradition française, contraire à la religion nationale, contraire à la sagesse politique. Aux catholiques de se regrouper et d'agir pour qu'il ne se produise pas tout le mal qui doit en résulter. C'est notre dernière ressource, jusqu'à ce que le mépris, ou le bon sens, ou la force des choses, ou le châtiment divin, nous délivre de la République.

L'Univers, 2 octobre 1882.

1. Sentence : pensée, maxime. 2. Funeste : catastrophique.

SITUATION 2 La séparation des Églises et de l'État en 1905

En 1905, les républicains font voter une loi qui limite l'influence de l'Église dans la vie politique. Elle instaure la neutralité de l'État en matière religieuse. C'est un texte de compromis qui donne lieu à des affrontements au moment des inventaires des biens de l'Église.

1 La chronologie du vote de la loi de 1905

1901	Loi accordant la liberté de fonder une association, sauf pour les congrégations religieuses qui doivent demander une autorisation.
1903	Création du groupe de travail parlementaire de séparation des Églises et de l'État et désignation d'Aristide Briand comme rapporteur.
1904	Interdiction d'enseigner pour les congrégations religieuses. Rupture des relations diplomatiques entre la France et la Papauté.
1905	Après 48 séances de discussion, vote de la loi par les députés (341 voix pour, 233 contre) en juillet. Vote par le Sénat de la loi (181 voix pour, 102 contre) en décembre.
1906	Condamnation par le pape de la loi de séparation.

2 Aristide Briand (1862-1932) à la tribune de la chambre des députés en avril 1905

Le rapporteur de la loi, le socialiste indépendant Aristide Briand, parvient grâce à un compromis à faire voter la loi.

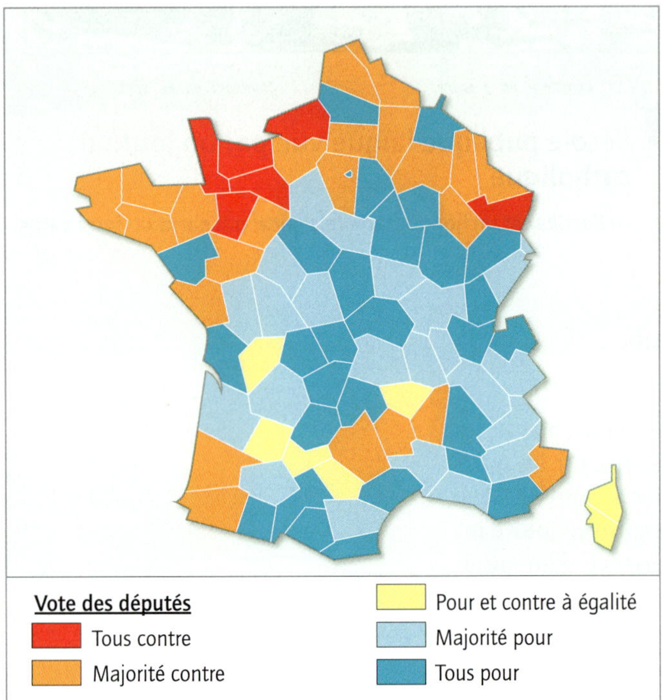

3 Les résultats du vote du 3 juillet 1905

Les régions opposées à la loi de séparation des Églises et de l'État sont celles où la pratique religieuse est la plus dynamique.

4 Le respect de la sensibilité catholique

« Dans ce pays où des millions de catholiques pratiquent leur religion, il était impossible d'envisager une séparation qu'ils ne pussent accepter. Ce mot a paru extraordinaire à beaucoup de républicains qui se sont émus de nous voir préoccupés de rendre la loi acceptable par l'Église.

Messieurs, l'Église, je le répète, c'est en France, plusieurs millions de citoyens. Outre que l'on ne fait pas une réforme contre une aussi notable portion du pays, je vous demande s'il ne serait pas imprudent de provoquer par des vexations inutiles tant d'autres citoyens, aujourd'hui indifférents en matière religieuse, mais qui demain ne manqueraient pas de se passionner pour l'Église s'ils pouvaient supposer que la loi veut leur faire violence. »

Aristide Briand, discours à la Chambre des députés, 3 juillet 1905.

CAPACITÉS
- Relever les informations dans un document
- Utiliser le vocabulaire disciplinaire
- Classer et hiérarchiser les informations

5 La résistance à l'inventaire : Cominac (Ariège)

Deux ours empêchent l'entrée de l'Église aux autorités venues faire l'inventaire, tandis que le curé lit une lettre de protestation.

6 La loi de 1905

Article 1. La République assure la liberté de conscience. Elle garantit le libre exercice des cultes sous les seules restrictions édictées ci-après dans l'intérêt de l'ordre public.

Article 2. La République ne reconnaît, ne salarie ni ne subventionne aucun culte. En conséquence, à partir du 1er janvier qui suivra la promulgation de la présente loi, seront supprimées des budgets de l'État, des départements et des communes, toutes dépenses relatives à l'exercice des cultes…

Article 4. Dans le délai d'un an, à partir de la promulgation de la présente loi, les biens mobiliers et immobiliers [des] établissements publics du culte seront avec toutes leurs charges et obligations […] transférés par des représentants légaux de ces établissements aux associations qui se seront légalement formées pour l'exercice de ce culte.

Journal Officiel de la République française, 11 décembre 1905.

7 L'État entretient aujourd'hui des relations avec toutes les autorités religieuses

En 2008, le président de la République Nicolas Sarkozy reçoit le Pape Benoit XVI à l'Élysée.

ITINÉRAIRE 1

Relever les informations dans un document

1. Quel est l'objectif de Briand ? (doc. 2 et 4)
2. Pourquoi plusieurs étapes ont-elles été nécessaires pour aboutir au vote de la loi de 1905 ? (doc. 1 et 2)
3. Qui sont les personnages photographiés ? Expliquez la présence des animaux. Comment cette image traduit-elle les oppositions à la loi de 1905 ? (doc. 5 et 6)
4. Quels ensembles régionaux ont voté massivement contre la loi ? Lesquels ont voté pour ? (doc. 3)

Classer et hiérarchiser les informations

5. La loi de séparation interdit-elle aux Français de pratiquer une religion ? (doc. 4 et 6)
6. Comment la séparation des Églises et de l'État français se traduit-elle de façon concrète ? (doc. 4, 6 et 7)
7. Relevez les mots montrant que la loi s'adresse à toutes les pratiques religieuses. (doc. 4)

ITINÉRAIRE 2

Présentez la loi de séparation des Églises et de l'État : contenu, contexte. Vous soulignerez le rôle joué par Aristide Briand dans le vote de cette loi.

SITUATION 3 Vivre la laïcité en France, aujourd'hui

Tout au long du XXe siècle, les Français acceptent progressivement la laïcité. Cette valeur de la République fonde même aujourd'hui l'identité française. Elle repose sur le principe de séparation, dans l'État, de la société civile et de la société religieuse. L'État doit être neutre et impartial face à toutes les religions.

1 La laïcité inscrite dans la Constitution

Article premier. La France est une République indivisible, laïque, démocratique et sociale. Elle assure l'égalité devant la loi de tous les citoyens sans distinction d'origine, de race ou de religion. Elle respecte toutes les croyances. […]

Constitution de 1958, Ve République.

2 Les édifices publics et la laïcité

La loi de séparation des Églises et de l'État s'impose, dès 1905, aux bâtiments publics.

Article 28. Il est interdit, à l'avenir, d'élever ou d'apposer aucun signe ou emblème religieux sur les monuments publics ou en quelque emplacement public que ce soit, à l'exception des édifices servant au culte, des terrains de sépulture dans les cimetières, des monuments funéraires, ainsi que des musées ou expositions. […]

Loi de séparation des Églises et de l'État, 9 décembre 1905.

3 L'État et les édifices religieux

Loi de 1905	Les édifices religieux construits après 1905 ne peuvent plus être financés par des fonds publics
Loi de 1908	L'État, les départements, les communes peuvent engager les dépenses nécessaires pour les charges et les réparations des églises construites avant 1905.
Début des années 1930	Une commune peut céder un terrain pour la construction d'un édifice religieux. Ce terrain est concédé pour un bail de 99 ans
Loi de 1961	Un département ou une commune peuvent garantir les emprunts contractés par des associations pour la construction d'un édifice religieux.
Aujourd'hui	Un département ou une commune peuvent subventionner un centre culturel à côté d'un espace réservé au culte. Exemples : le musée d'art sacré de la cathédrale d'Évry ou l'institut musulman de la Grande Mosquée de Paris.

4 La laïcité dans les services publics et l'administration de l'État

Charte de la laïcité, 2014.

CAPACITÉS
- Mettre en relation des documents
- Analyser une situation
- Rédiger un texte organisé respectant les règles de l'orthographe et de la syntaxe

5 La cathédrale de la Résurrection d'Évry (Essonne)

La construction de la cathédrale d'Évry s'est achevée en 1996. Le budget a été de 9,15 millions d'euros. Le ministère de la Culture et de la région Île-de-France ont subventionné la partie du projet correspondant au musée d'art sacré. Le reste provient de financements privés (souscription auprès du public, mécénat d'entreprise, fonds religieux).

6 La mosquée Sahaba de Créteil (Val-de-Marne)

L'inauguration de la mosquée de Créteil a lieu en 2008. Le budget du projet s'est élevé à 4,7 millions d'euros. 2,2 millions d'euros proviennent de fonds privés. Une subvention d'un million d'euros a été accordée par la ville pour l'espace culturel et de loisirs. L'Union des associations musulmanes de Créteil ont contracté un emprunt de 1,5 million d'euros.

7 La Grande synagogue de la Paix (Strasbourg)

La grande synagogue de la Paix a été bâtie au lendemain de la Seconde guerre mondiale pour remplacer l'ancienne synagogue pillée et incendiée par les nazis. C'est un lieu de culte mais aussi un centre culturel.

ITINÉRAIRE 1

Mettre en relation des documents

1 En quoi l'article premier de la Constitution de 1958 affirme-t-il le principe de la laïcité de l'État français ? (doc. 1)

2 De quelle manière les bâtiments publics, depuis 1905, illustrent-ils la laïcité ? (doc. 2)

3 À quels principes obéit la République laïque ? Quelles attitudes doivent suivre les agents de service public ? (doc. 4)

Analyser une situation

4 Selon la loi, de quelle manière une commune ou un département peuvent-ils s'impliquer dans la construction d'un lieu de culte ? (doc. 5)

5 Expliquez en quoi les financements de la cathédrale d'Evry et de la mosquée de Créteil respectent la laïcité. (doc. 3, 6 et 7).

ITINÉRAIRE 2

Complétez la charte de la laïcité des agents des services publics (doc. 3) par la charte de la laïcité des usagers du service public. Votre texte comportera quatre paragraphes.

COURS

La République et le fait religieux depuis 1880

À la fin du XIXe siècle, une série de lois comme les lois scolaires de Jules Ferry, vise à affaiblir l'influence de religion sur la société. Avec la loi de séparation des Églises et de l'État en 1905, la laïcité devient un principe et une valeur de la République.

Ces futurs instituteurs avec leur l'uniforme sont les « hussards noirs de la République » qu'évoque l'écrivain Charles Péguy.

La naissance de l'école laïque

L'enjeu scolaire

Pour les républicains, l'enracinement du régime doit se réaliser tout particulièrement par la réforme scolaire. L'objectif est de former un citoyen républicain, patriote, qui pourra accéder à l'égalité des chances et au progrès. Il faut donc, selon eux, rechercher la liberté de conscience et pour cela réduire l'influence de l'Église. Cependant, l'enseignement est majoritairement aux mains des religieux catholiques jugés pour la plupart antirépublicains.

L'œuvre scolaire de Jules Ferry

En 1881, Jules Ferry, ministre de l'Instruction publique, fait voter une première loi instituant la gratuité de l'école publique. En 1882, une seconde loi instaure l'obligation scolaire pour les garçons comme pour les filles, de 6 à 13 ans, ainsi que la laïcité. Le jeudi demeure libre afin de permettre aux enfants, si les parents le désirent, de suivre des cours d'instruction religieuse en dehors de l'école. En 1886, la loi Goblet (ministre de l'Instruction publique depuis 1885) conforte les « lois Ferry » : elle interdit aux religieux d'enseigner dans les écoles publiques.

La laïcisation de l'État

La laïcisation de l'espace public et de la société

En 1884, les prières publiques sont supprimées, ainsi que celles prononcées lors de la rentrée parlementaire. Les signes religieux tels les crucifix sont peu à peu retirés des tribunaux, des écoles et hôpitaux publics. En 1884, la loi Naquet autorise le divorce. Cette possibilité, instituée depuis 1792 en même temps que la laïcisation de l'état-civil, avait été supprimée en 1816, l'Église catholique l'interdisant. Une loi de 1889 oblige les futurs prêtres à effectuer un an de service militaire. En 1901, la loi sur les associations stipule que les congrégations religieuses doivent demander une autorisation pour continuer d'exister. En 1904, sous la présidence du Conseil du radical Émile Combes, l'enseignement leur est interdit.

La séparation des Églises et de l'État

La séparation devient effective en 1905. La loi, portée par le socialiste indépendant Aristide Briand, est promulguée le 9 décembre. Elle met fin au Concordat de 1901, traité qui réglementait les relations entre l'Église catholique de France et la papauté. L'État garantit la liberté de conscience mais reste neutre et ne rémunère plus les éclésiastiques. Après inventaire, les biens d'Église doivent être gérés par des associations de fidèles.

Chronologie

1882	Création de l'école laïque.
1905	Loi de séparation des Églises et de l'État.
1906	Condamnation par le pape Pie X de la loi de 1905.
1946	Inscription du caractère laïque de la République française dans la Constitution (repris en 1958).
2004	Loi interdisant les signes religieux ostentatoires dans les établissements d'enseignement public.

Les résistances à la loi

Le pape condamne la loi (Les relations diplomatiques sont d'ailleurs rompues depuis 1904, entre l'État français et le Saint-Siège (la papauté). Les inventaires donnent lieu dans certaines régions à de graves incidents et même un mort. Mais les protestants, les juifs et certains catholiques finissent par l'accepter. La loi ne s'applique toutefois ni dans les colonies ni en Alsace-Moselle alors allemande.

Certaines congrégations comme les missionnaires (ici en Chine) ou les hospitalières ne sont pas touchées par les lois anticléricales de 1905.

Vivre la laïcité en France, aujourd'hui

Laïcité et pluralisme religieux

La laïcité est désormais inséparable de l'identité de la France, l'affirmation du caractère laïque de la République figure dans la Constitution de 1958, approuvée par les Français. Périodiquement, les principes de la laïcité doivent être réaffirmés. Ils s'appliquent à tous les niveaux de l'État, à toutes les institutions publiques comme les hôpitaux, les prisons et l'école publique. Si la France demeure en majorité catholique (40 millions), le pluralisme religieux s'est développé. Les cinq millions de musulmans constituent la deuxième religion du pays, devant les protestants (1 million) et les juifs (0,6 million). En se plaçant au-dessus des différences, la laïcité constitue un rempart contre les fanatismes et les dérives communautaristes.

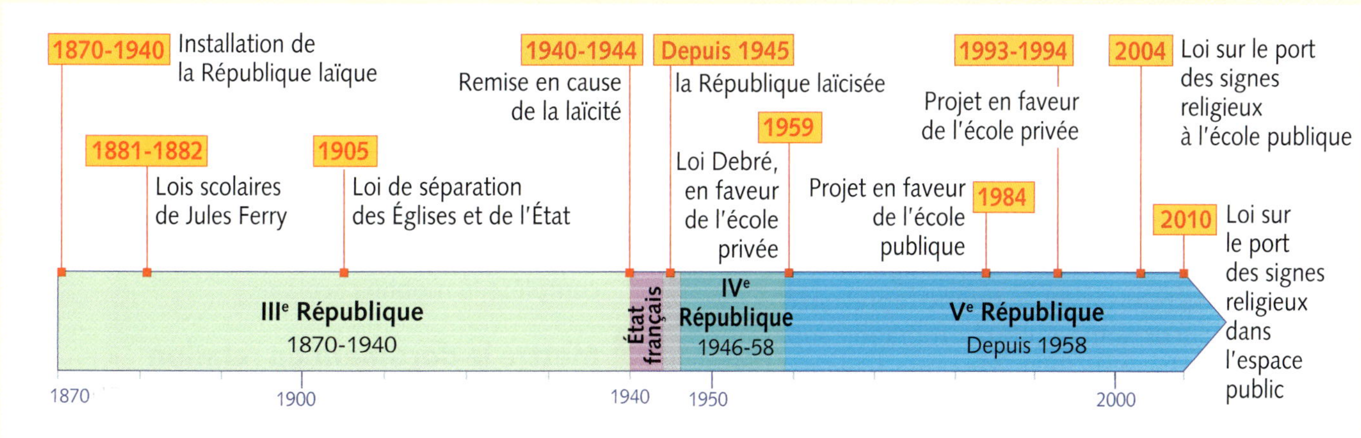

Comprendre le cours

1. En quoi la politique scolaire est-elle un enjeu pour les républicains des années 1880 ?
2. Durant combien d'années l'obligation scolaire dure-t-elle ?
3. Pourquoi peut-on parler de laïcisation de l'espace public ?
4. Quelle « séparation » la loi de 1905 met-elle en place ?
5. Qu'appelle-t-on la « querelle des inventaires » ?

Notions

Anticléricalisme : dénonciation et refus de l'influence et de l'intervention du clergé sur la société et sur l'État.

Laïcité : valeur fondatrice et principe de la République. Elle assure la neutralité de l'État qui ne subventionne aucun culte. Les Églises sont exclues du pouvoir politique ou administratif.

Liberté de conscience : droit d'avoir le libre choix de ses valeurs et de ses principes, ainsi que d'avoir ou non une religion et de pratiquer celle-ci.

Liberté des cultes : droit de choisir et de pratiquer sa religion.

Pluralisme : acceptation de la pluralité des opinions en matière politique, sociale, religieuse, économique...

MÉTHODE Analyser une image

Démarche

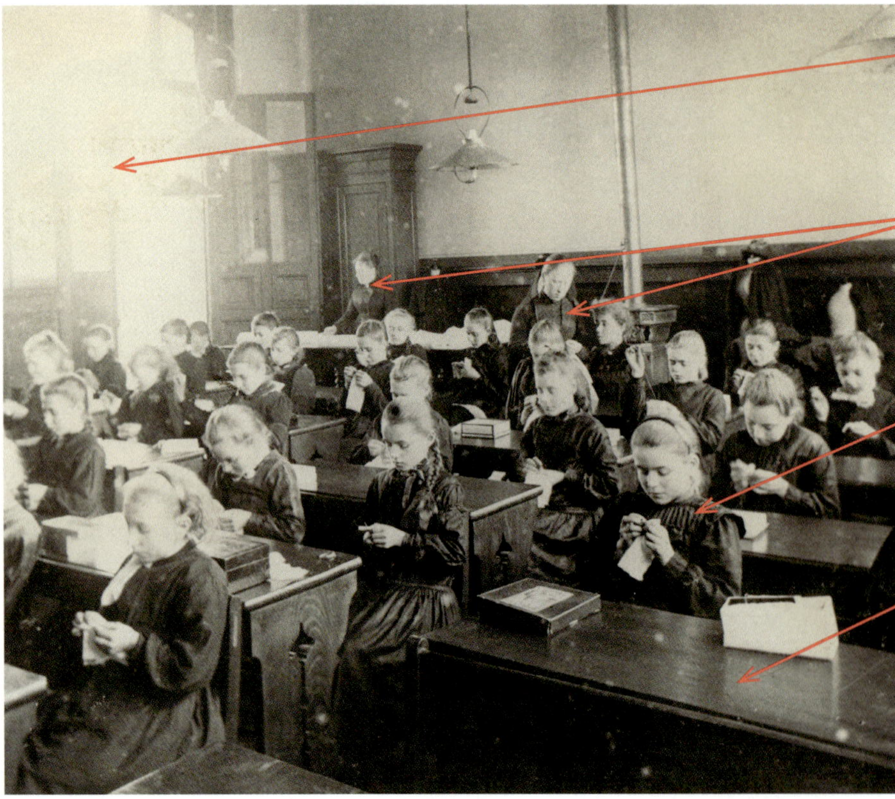

■ **Une classe de filles**, école d'Hellemmes (Nord), photographie, vers 1900.

1 Présenter le document

Présentez la nature de l'image, la date de sa réalisation, le thème représenté.

Le document est une photographie montrant une classe de filles, dans une école publique de la banlieue de Lille, vers 1900.

2 Décrire et relever les informations essentielles

Décrivez les éléments identifiables sur l'image (lieu où se passe la scène, personnages, attitudes, etc.).

La salle de classe est haute de plafond et éclairée par la droite par une fenêtre. Les fillettes sont en classe de couture. Elles sont vêtues d'une blouse; leur chevelure est stricte et dégage le front. Les fillettes sont très attentives à leur tâche, aucune ne parle. Une institutrice passe dans les rangs, tandis qu'une autre, au fond de la salle, semble préparer un ouvrage. On distingue au fond, une armoire, un gros poêle rond et des porte-manteaux le long du mur. Au plafond, une lame à pétrole complète le mobilier scolaire.

3 Mettre le document en relation avec ses connaissances

Expliquez ce que le document nous apprend sur l'école publique au début du XXe siècle.

Le document est représentatif des transformations de l'école, après les lois scolaires de Jules Ferry. La IIIe République a voulu la scolarité obligatoire aussi pour les filles mais non la mixité. Dans la salle, le personnel est lui aussi exclusivement féminin. Les programmes sont différents, on enseigne aux filles la couture afin d'en faire de bonnes « ménagères ». Le document met cependant en évidence le souci de l'égalité sociale (les fillettes portent des blouses) ainsi que la volonté de créer des locaux clairs et confortables.

Exercice d'application

■ **La leçon d'antialcoolisme** (Pas-de-Calais), photographie réalisée à l'occasion de l'Exposition universelle de 1900.

1 Présenter le document

Présentez la nature de l'image, sa date ainsi que le thème représenté. Votre réponse doit aussi présenter les destinataires.

2 Décrire et relever les informations essentielles

Présentez les informations repérables en les regroupant par thèmes : lieu où se déroule la scène, personnages (identification, vêtements, attitudes, etc.).

3 Mettre le document en relation avec ses connaissances

Expliquez les objectifs recherchés dans cette représentation et présentez l'intérêt du document pour la connaissance de l'école et de la société française au début du XXe siècle.

ÉVALUATION

Mobiliser ses connaissances (20 points)

1 Dater des faits importants (1 POINT)

Datez les trois événements de la liste ci-dessous :

a. La loi Ferry instituant l'école publique obligatoire et laïque.
b. La loi Goblet (interdiction aux religieux d'enseigner dans les écoles publiques).
c. La loi Naquet sur le divorce.

2 Citer des acteurs et expliquer leur rôle (2 POINTS)

Présentez Jules Ferry et Aristide Briand et expliquez leur rôle dans la construction de l'État laïc.

3 Utiliser le vocabulaire disciplinaire (1 POINT)

Quelle définition correspond au terme d'anticléricalisme ?

a. Le fait de refuser toute religion.
b. Le fait de refuser l'intervention de la religion dans le domaine public.

4 Dégager l'intérêt d'un document (2 POINTS)

Quelle loi est définie par l'auteur de cette phrase ?

> « Aujourd'hui, il n'est plus personne pour contester sérieusement que la neutralité de l'État en matière confessionnelle ne soit l'idéal de toutes les sociétés modernes ».
>
> Aristide Briand, 22 mars 1905.

5 Restituer une notion (1 POINT)

Donnez la définition de la laïcité.

6 Caractériser un phénomène (2 POINTS)

Montrez comment l'œuvre scolaire des années 1880 s'inscrit dans l'affermissement du régime républicain.

7 Identifier un document (2 POINTS)

Présentez la nature du document et expliquez le thème.

■ *Le Petit Journal*, Une du 18 mars 1806.

---

8 Discerner temps long et temps court (3 POINTS)

Illustrez par cinq exemples les conséquences de la loi de 1905 sur la France d'aujourd'hui.

---

9 Restituer les principales connaissances (3 POINTS)

Explique z chaque mot de la première phrase de l'article 1 de la Constitution de la Ve République.

« Article premier. La France est une république indivisible, laïque, démocratique et sociale. »

---

10 Exercer un jugement critique (3 POINTS)

Quelle affirmation est exacte parmi les deux propositions ci-dessous ? Quelles inexactitudes contient l'affirmation fausse ? Justifiez vos réponses.

a. La République assure la liberté de conscience et favorise la pratique religieuse en finançant la construction de nouveaux lieux de culte.

b. La République assure la liberté de conscience et garantit le libre exercice de la pratique religieuse pourvu que sa manifestation ne trouble pas l'ordre public établi par la loi.

CAPACITÉS GÉOGRAPHIE

- Situer les faits principaux dans leur contexte historique
- Discerner les ruptures et les continuités de l'histoire
- Comparer des situations historiques

Manifestation en faveur du programme Erasmus

Le 28 juin 2016, des étudiants manifestent à Londres pour le maintien du programme Erasmus en Grande-Bretagne malgré le vote de sortie de l'Union européenne. Depuis sa création en 1987, ce programme d'échanges a permis à plus de 3 millions de jeunes Européens d'étudier dans un autre pays d'Europe.

- Objectif 3.2.1 du module MG1.
- Sujet d'étude au choix, une situation à étudier si ce sujet est choisi.

3.2.1

1. L'idée de l'Europe au XXe siècle

SITUATION 1 Le projet européen

Vingt ans après la fin de la Grande Guerre, un deuxième conflit mondial ravage l'Europe. En 1945, on dénombre près de 60 millions de victimes soit six fois plus qu'en 1918. Ce bilan relance l'idée que seule une unification pacifique du continent permettra de mettre fin à ces massacres. Un nouveau projet, porté par les « pères de l'Europe », permet de concrétiser cet espoir.

SITUATION 2 La construction européenne

Construction politique sans précédent dans l'histoire, le rapprochement entre les États européens débouche sur des réalisations concrètes, des politiques communes qui éloignent le risque d'un nouveau conflit au sein d'un espace enfin unifié pacifiquement.

Les États européens

Les grands ensembles géopolitiques de l'Europe

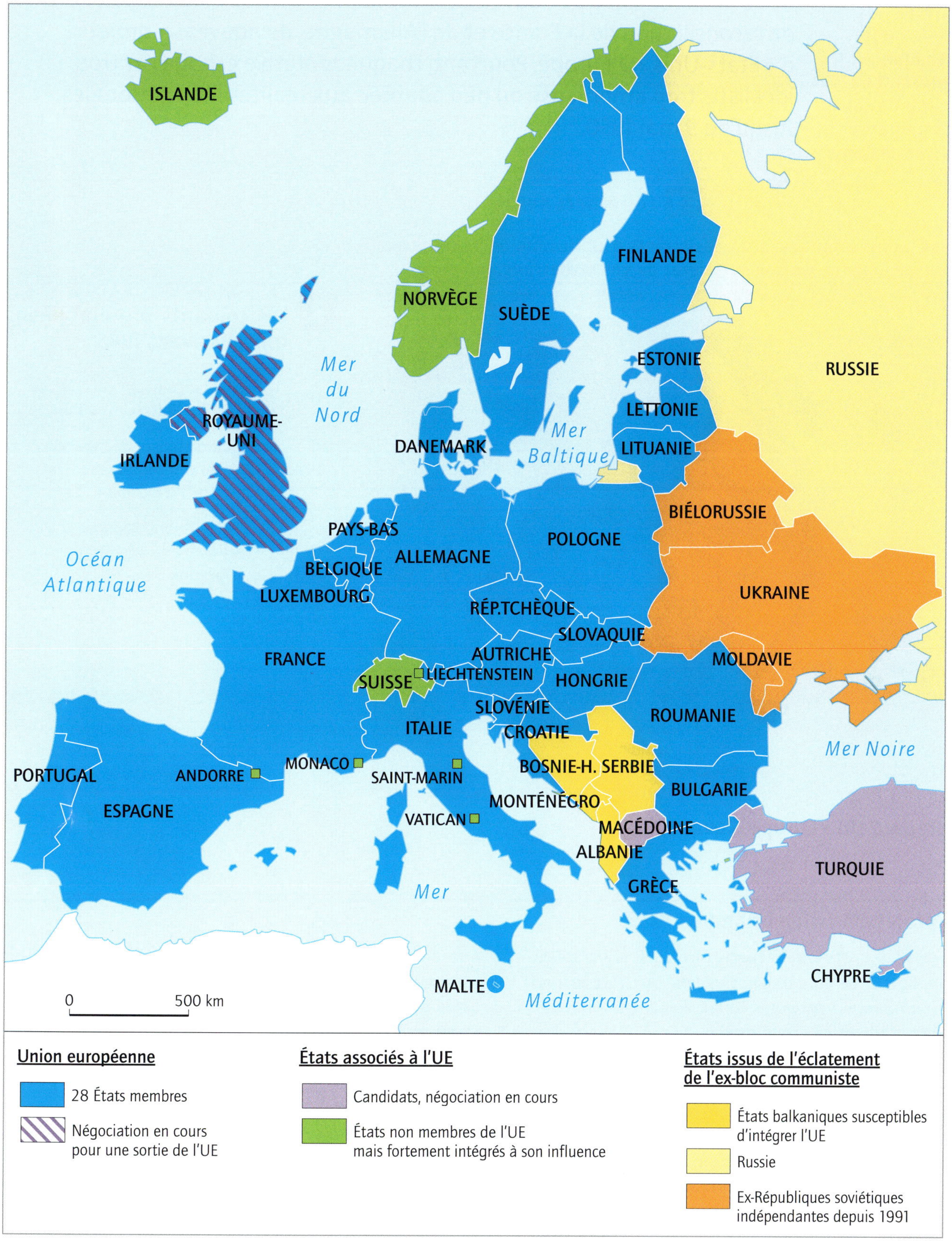

SITUATION 1 Le projet européen

CONSIGNE GÉNÉRALE

Par groupe, vous allez étudier le projet européen. Chaque groupe va présenter à l'oral le résultat de son travail. Vous prendrez en note les informations importantes.

Depuis leur création, les États-Unis d'Amérique servent de modèle à ceux qui, comme Victor Hugo, rêvent de voir l'Europe s'unifier au lieu de se déchirer. Chaque nouveau conflit relance de nouveaux espoirs de réconciliation de la France et de l'Allemagne, de nouveaux projets d'« États-Unis » d'Europe. Pourtant, chaque tentative échoue car trop idéaliste, trop ambitieuse ou peu adaptée aux réalités internationales. Jusqu'au 9 mai 1950.

ÉQUIPE 1 Les échecs des tentatives d'unification de l'Europe

Trouvez des points communs entre les projets d'unification de l'Europe avant 1945. En plus des documents, vous vous aiderez de vos recherches.

1 Un regard sur l'Europe d'avant 1914

3 Les courants pro-européens français avant 1945

1855	Victor Hugo décrit son Europe idéale : les États-Unis d'Europe.
1925	Édouard Herriot déclare son désir de voir « apparaître les États-Unis d'Europe ».
1929	Aristide Briand propose la création d'une organisation européenne.

2 Le projet d'Aristide Briand en 1929

Ministre des Affaires étrangères français et président d'honneur de l'Union paneuropéenne, Aristide Briand est le premier à proposer officiellement la création d'une organisation commune.

« Je pense qu'entre les peuples qui sont géographiquement groupés, comme ceux de l'Europe, il doit exister une sorte de lien fédéral[1]. Ces peuples doivent avoir la possibilité, à tout moment, d'entrer en contact, de discuter leurs intérêts, de prendre des résolutions communes, d'établir entre eux un lien de solidarité qui leur permette de faire face, au moment voulu, à des circonstances graves si elles venaient à naître. C'est ce lien que je voudrais m'efforcer d'établir. Évidemment, l'association agira surtout dans le domaine économique, qui est la question la plus pressante, mais je suis sûr aussi qu'au point de vue politique, au point de vue social, le lien fédéral, sans toucher à la souveraineté[2] des nations, qui pourraient faire partie d'une telle association, peut être bienfaisant. »

Aristide Briand, discours devant la SDN, à Genève, le 5 septembre 1929.

1. Lien fédéral : relation entre États membres d'une fédération, comme au sein des États-Unis d'Amérique.
2. Souveraineté : l'ensemble des pouvoirs d'un État.

ÉQUIPE 2 Un projet européen qui aboutit

Expliquez pourquoi le projet d'unification de l'Europe a pu se réaliser.

4 Le projet présenté par Robert Schuman, ministre français, le 9 mai 1950

« L'Europe n'a pas été faite, nous avons eu la guerre. L'Europe ne se fera pas d'un coup, ni dans une construction d'ensemble : elle se fera par des réalisations concrètes créant d'abord une solidarité de fait. Le rassemblement des nations européennes exige que l'opposition séculaire[1] de la France et de l'Allemagne soit éliminée. L'action entreprise doit toucher au premier chef la France et l'Allemagne.

Dans ce but, le gouvernement français propose immédiatement l'action sur un point limité mais décisif. [...] La mise en commun des productions de charbon et d'acier assurera immédiatement l'établissement de bases communes de développement économique, première étape de la Fédération européenne, et changera le destin de ces régions longtemps vouées à la fabrication des armes de guerre dont elles ont été les plus constantes victimes.

La solidarité de production qui sera ainsi nouée manifestera que toute guerre entre la France et l'Allemagne devient non seulement impensable, mais matériellement impossible. [...] Par la mise en commun de productions de base et l'institution d'une Haute Autorité nouvelle, dont les décisions lieront la France, l'Allemagne et les pays qui y adhéreront, cette proposition réalisera les premières assises concrètes d'une Fédération européenne indispensable à la préservation de la paix. »

Déclaration de Robert Schuman, ministre français des Affaires étrangères, le 9 mai 1950 à Paris.

1. Séculaire : qui dure des siècles.

5 Les pères de l'Europe

On appelle ainsi les dirigeants des six États membres de la CECA qui ont joué un rôle déterminant dans l'engagement de leur pays dans ce premier pas décisif vers la construction européenne.

Konrad Adenauer (1876-1963)	Chancelier de la République fédérale d'Allemagne.
Joseph Bech (1887-1975)	Chef du gouvernement luxembourgeois.
Johan Willem Beyen (1897-1976)	Premier ministre des Pays-Bas.
Alcide De Gasperi (1881-1954)	Président du Conseil italien.
Paul-Henri Spaak (1899-1972)	Premier ministre belge.
Robert Schuman (1886-1963)	Ministre français des Affaires étrangères.
Jean Monnet (1888-1979)	Homme politique français, concepteur du projet puis premier président de la Haute Autorité de la CECA.

6 Le traité de Rome

Article 2. La Communauté a pour mission, par l'établissement d'un Marché commun et par le rapprochement progressif des politiques économiques des États membres, de promouvoir un développement harmonieux des activités économiques dans l'ensemble de la Communauté, une expansion continue et équilibrée, une stabilité accrue, un relèvement accéléré du niveau de vie et des relations plus étroites entre les États qu'elle réunit.

Extrait du traité instituant la Communauté économique européenne, signé à Rome le 25 mars 1957.

« La fierté de l'inventeur : espérons que la chose se développera mieux que les épingles de sûreté. »

7 Robert Schuman et la réconciliation européenne

La Communauté européenne du charbon et de l'acier (CECA) entre en vigueur le 25 juillet 1952. C'est le premier organisme supranational. (Caricature allemande, Pierlet, 9 mai 1950.)

SITUATION 2 La construction européenne

Le projet européen, impulsé par six pays, rassemble aujourd'hui un demi-milliard de citoyens au sein de l'Union européenne. Si ce projet a été progressivement réorienté, ses réalisations concrètes consolident une identité commune.

1 Affiche du « Comité d'action pour les États-Unis d'Europe » (1960)

2 Le Brexit vu par le dessinateur Chappatte

Le 23 juin 2016, 51,9 % des Britanniques choisissent par référendum de quitter l'Union européenne (« Brexit » est une contraction de « British Exit »).

3 François Mitterrand et Helmut Kohl à Verdun, le 22 septembre 1984

4 L'évolution de l'Union européenne

Les premières élections des députés au Parlement européen par tous les citoyens ont lieu en 1979. La française Simone Veil est élue présidente.

Quand je suis arrivée au Parlement européen, j'imaginais encore une évolution vers un système de type fédéral. Aujourd'hui, à la fois parce que nous sommes plus nombreux et parce que les mentalités ont changé, je ne peux que constater un attachement croissant des citoyens à leur cadre national et aux facteurs historiques[1] qui ont formé des identités singulières. […] Nous vivons un paradoxe : l'Européen d'aujourd'hui voyage beaucoup, l'euro est devenu une réalité dont la plupart se félicitent, Internet est entré dans les mœurs et la dimension de la mondialisation domine la pensée contemporaine. Cependant, les citoyens semblent beaucoup plus attachés à leur identité nationale qu'il y a vingt ans, au point que partout se développent des tentations communautaristes. […] Pour toutes ces raisons, si je pensais il y a vingt ans que nous parviendrions à dépasser rapidement le cadre de la nation, j'en suis aujourd'hui moins convaincue, de sorte que l'idée que je me forge désormais de l'Union européenne s'apparente davantage à un agrégat[2] de poupées russes qu'à un édifice monolithique[3].

Simone Veil, *Une vie*, Stock, 2007.

1. Facteurs historiques : événements historiques. 2. Agrégat : empilement.
3. Monolithique : d'un seul bloc.

CAPACITÉS

- Mettre des informations en relation avec ses connaissances
- Utiliser le vocabulaire disciplinaire
- Discerner les ruptures et les continuités de l'histoire

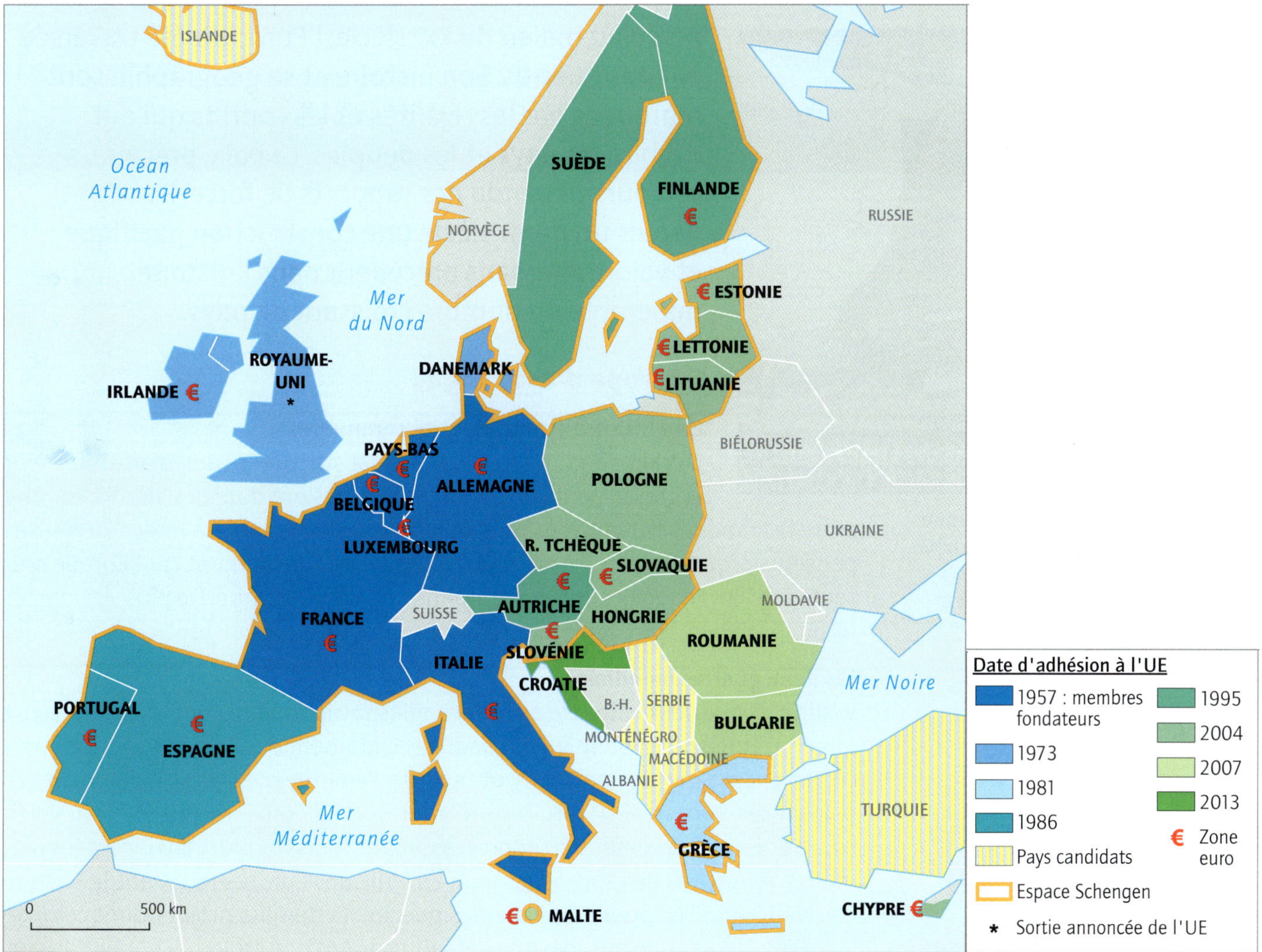

5 L'Union européenne aujourd'hui

ITINÉRAIRE 1

Mettre des informations en relation avec ses connaissances

1 Quel argument en faveur d'une union de l'Europe avancent les concepteurs de cette affiche ? (doc. 1)

2 Pourquoi cet événement a-t-il une forte portée symbolique ? (doc. 3)

3 Quels sont les pays impliqués dès l'origine dans la construction européenne (doc. 5)

Discerner les ruptures et les continuités de l'histoire

4 À partir de la carte, mettez en évidence les différents élargissements de l'Union européenne depuis sa création. (doc. 5)

5 Entre 1979 et 2007, quelle analyse différente sur l'évolution de l'Europe fait l'auteur ? (doc. 4)

6 À l'aide de la carte, comptez le nombre de pays qui utilisent l'euro. Comment, à partir de cet exemple, expliquez-vous l'expression « un agrégat de poupées russes » ? (doc. 4 et 5)

7 Comment interpréter ce dessin de presse ? Quel point de vue exprime-t-il ? (doc. 2)

ITINÉRAIRE 2

Comparez la situation du continent européen dans les années 1950 à aujourd'hui : quels éléments du contexte international ont changé ? Quelle place occupe de nos jours l'Union européenne sur le continent ?

Appréhender l'idée de l'Europe au XXe siècle

À l'Est, l'Europe du bloc soviétique
Affiche soviétique de 1953. « L'immortel nom de Staline est la bannière de l'humanité dans son combat pour la paix, la démocratie et le socialisme. »

Jusqu'au milieu du XXe siècle, l'Europe a été traversée par des guerres. Son histoire et sa géographie sont marquées par les rivalités et les conflits qui ont déchiré les pays et les peuples. La paix, précaire, a toujours dépendu des rapports de force. Pourtant, depuis un demi-siècle une construction pacifique et volontaire, sans précédent dans l'histoire, rassemble un nombre croissant de pays.

L'Europe d'avant 1945

Une histoire et une identité communes

Durant son histoire, l'Europe est surtout un lieu d'affrontement entre les peuples. Certaines rivalités ont duré des siècles, comme entre la France et l'Angleterre, puis l'Allemagne. Pourtant, dès le XVIIe siècle, des penseurs proposent des formes pacifiques de rapprochement car l'Europe présente une homogénéité culturelle, politique et économique. De plus, malgré les rivalités, la liberté de circulation reste très importante.

Les deux guerres mondiales

Véritables guerres civiles européennes, elles ravagent et ruinent l'Europe deux fois en trente ans. La première provoque l'éclatement des Empires vaincus, morcelant encore plus le continent, et favorise l'émergence, ailleurs, de nouvelles puissances, comme les États-Unis d'Amérique. La deuxième, permet au Reich nazi d'asservir brièvement l'Europe. Cependant, leurs horreurs favorisent les premières tentatives de rapprochement. En 1919, des Européens créent la Société des Nations (SDN) pour empêcher les guerres. Différents projets, dont celui de fédération européenne défendu par Aristide Briand, échouent devant les rivalités nationales, la crise économique et le développement du nazisme. Mais dès 1945 d'autres projets sont lancés.

À l'Ouest, l'espoir d'un espace européen unifié
Affiche italienne de 1952. « À l'unité de l'Europe, les jeunes disent "oui". »

Un continent entre division et unification

L'Europe coupée en deux par la guerre froide

La rivalité entre les deux grandes puissances qui ont vaincu le nazisme se traduit par la coupure de l'Europe en deux. Deux conceptions se font face, à l'Est et à l'Ouest, séparées par une frontière infranchissable : le rideau de fer. D'un côté, les pays qui acceptent l'aide américaine se rapprochent et se structurent. De l'autre, les pays se regroupent dans le bloc communiste qu'organise l'Union soviétique.

Les premières organisations européennes

Des responsables cherchent à rapprocher durablement les pays européens. C'est ainsi que naissent plusieurs organisations internationales, comme le Conseil de l'Europe. Parallèlement, six anciens adversaires décident de mettre en commun des matériaux indispensables pour se faire la guerre : le charbon et l'acier. La France, l'Allemagne, la Belgique, le Luxembourg, les Pays-Bas et l'Italie fondent en 1952 la Communauté économique du charbon et de l'acier (CECA). Ce rapprochement et cette mise en commun des ressources marque le point de départ d'une construction européenne qui assure, encore aujourd'hui, la paix entre ses membres.

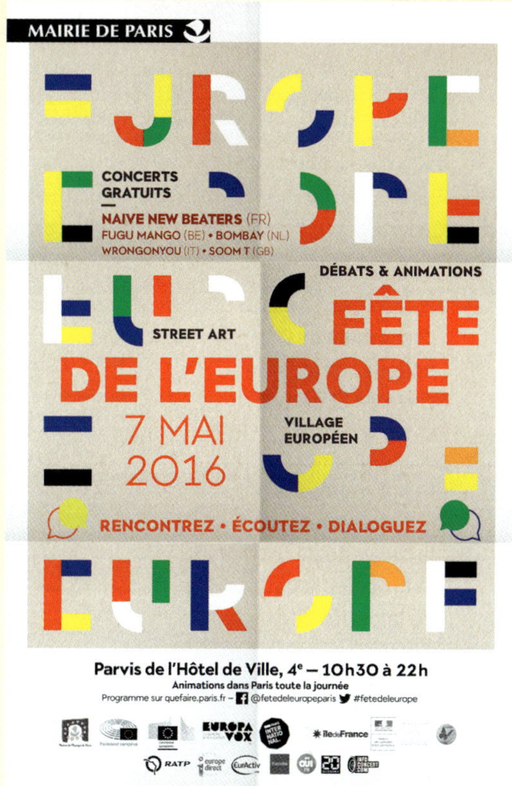

L'anniversaire de la fondation de l'Europe a lieu le 9 mai tous les ans.
À d'autres dates, des initiatives locales fêtent la construction européenne.

La construction européenne

1957, la création de la Communauté économique européenne

La CECA marque le début de l'unification européenne. Pourtant, la construction européenne reste progressive et il faut compter avec l'adhésion des citoyens. Ainsi, un projet d'armée européenne, la CED, échoue en 1954 après le refus du Parlement français. La priorité reste donc le domaine économique et, le 25 mars 1957, les six pays de la CECA signent, à Rome, le traité fondateur de la Communauté économique européenne (CEE).

1957-1993, la marche vers l'Union européenne

La CEE réalise une zone où circulent librement les biens, les marchandises, les capitaux ou les hommes : le marché commun. Elle élabore des politiques et des législations communes. Progressivement élargie et approfondie, la communauté devient en 1993 une union, l'Union européenne (UE). Par ses réalisations économiques, culturelles ou institutionnelles, elle s'affirme graduellement comme l'organisation politique la plus importante en Europe, surtout après l'effondrement du bloc soviétique.

L'avenir de l'Union européenne

Lorsque le Royaume-Uni a annoncé sa décision de la quitter, l'Union comptait 28 membres. Si tout pays européen démocratique, qui respecte les droits de l'homme et a une économie stable, peut être candidat, certains préfèrent se limiter à des accords ponctuels sans déléguer, comme les États membres, une partie de leurs pouvoirs aux institutions communes. Car, pour la première fois, des pays gouvernent en commun : l'objectif d'une fédération, rêvée par les pères de l'Europe et amorcée par six pays, semble actuellement difficilement concevable mais l'avenir de l'Europe dépend de ses jeunes citoyens.

Comprendre le cours

1. Qu'est-ce qui oppose ou rapproche les Européens au début du XXe siècle ?
2. Quelles sont les conséquences du premier conflit mondial ?
3. Quel projet défend Aristide Briand ?
4. Quel est l'impact de la guerre froide en Europe ?
5. Pourquoi peut-on dire que la CECA lance la construction européenne ?
6. Quelles sont les spécificités de l'Union européenne ?

Notions Bac

Fédéralisme : système dans lequel les pays qui s'associent renoncent à une large part de leurs pouvoirs, c'est-à-dire à leur souveraineté, au profit d'un État central appelé « État fédéral ».

Supranationalité : qui dépasse la souveraineté nationale. Une institution supranationale est un organisme auquel les États membres abandonnent une part précise de leurs pouvoirs de décision, sans aller jusqu'au fédéralisme.

Identité européenne : l'Europe s'est construite sur le sentiment que ses peuples partageaient, au-delà de leurs différences nationales, une civilisation et des valeurs communes qui fondent l'identité européenne.

Marché commun : à partir de 1957, espace de libre circulation des personnes, des biens, des services et des capitaux au sein de la Communauté économique européenne.

Communauté européenne de défense : projet d'armée européenne lancé en 1952. Prématuré, il échoue et l'idée n'est relancée qu'après la guerre froide.

MÉTHODE Analyser une image

Démarche

L'ensemble des ballons compose la carte de l'Europe.

Les nombreuses couleurs soulignent la diversité de l'Europe et la gaîté de la petite fille.

La « mobilité » du slogan est visible dans les mouvements de l'enfant.

Le temps est clair, le ciel limpide et rassurant, une belle journée de mai.

Le bleu évoque la paix, la mer de la carte de l'Europe et le drapeau européen.

Affiche « Grenoble vit l'Europe ! ». Parallèlement à la Journée de l'Europe (le 9 mai) la municipalité invite les Grenoblois(es) à découvrir les multiples facettes de l'Europe avec une série de manifestations : conférences, expositions, spectacles, films, etc.

1 Présenter l'image

Vous devez présenter la nature de l'image, sa date, la source dont elle provient et, s'il est évident, son objectif.

Cette affiche de la mairie de Grenoble annonce aux habitants une manifestation en lien avec l'Europe au mois de mai 2016 : « Grenoble vit l'Europe ! ».

2 Décrire l'image

Vous devez décrire les éléments qui composent l'affiche, sans oublier les éventuels textes.

Cette affiche présente une enfant qui vole, accrochée à des ballons en forme de pays européens. Groupés, ils recomposent la carte de l'Europe. Le ciel à l'arrière-plan est bleu, caractéristique de la météo du mois de mai où se déroule l'événement annoncé : « Mai 2016, Grenoble vit l'Europe ! »

3 Interpréter l'image

Vous expliquez ce que nous apprend cette image.

Cette affiche défend une vision optimiste de l'Union européenne. La municipalité met en avant deux de ses réussites : la mobilité et la découverte d'autres cultures. La diversité des pays membres passe par la multiplication des couleurs, la mobilité est incarnée par le voyage de cette petite fille qui semble vivre un rêve éveillé, une expérience inédite en toute sécurité : elle vit l'Europe ! Une expérience à partager en famille à Grenoble pour mieux exister en Europe.

Exercice d'application

Affiche de l'Union européenne pour le 9 mai 2005, Journée de l'Europe.

1 Présenter l'image

Présentez la nature de l'image, sa date de diffusion, sa source et son objectif.

2 Décrire l'image

Décrivez les éléments qui composent l'image, soyez attentif au texte et prenez en compte les choix du concepteur.

3 Interpréter l'image

Expliquez la portée symbolique de cette image, montrez comment elle défend le projet européen.

ÉVALUATION Mobiliser ses connaissances (20 points)

1 Présenter un personnage et son action (1 point)

Qui sont les pères de l'Europe ?
a. Des philosophes qui ont marqué la culture européenne.
b. Des membres de la commission européenne.
c. Des dirigeants politiques dont le rôle a été déterminant pour la construction européenne.

2 Dater les faits principaux (2 points)

Remettez dans l'ordre chronologique les événements suivants :
a. Transformation de la CEE en Union européenne
b. Projet d'Aristide Briand
c. Mise en circulation de la monnaie unique (euro)
d. Traité de Rome

3 Utiliser le vocabulaire disciplinaire (2 points)

Parmi les affirmations suivantes, lesquelles s'appliquent à une institution supranationale ?
a. Elle ne concerne que certaines régions d'un pays.
b. Elle rassemble différents pays.
c. C'est un synonyme de « fédérale ».
d. Les États concernés lui délèguent une partie de leurs pouvoirs de décision.

4 Mémoriser et restituer les principales connaissances (3 points)

Nommez les six pays qui ont lancé la construction européenne.

5 Comparer des situations historiques (2 points)

Quel a été l'impact de la chute du mur de Berlin sur la construction européenne ?

6 Dégager l'idée essentielle d'un document (2 POINTS)

Identifiez les deux personnages et résumez le point de vue exprimé.

■ **La convention d'application de l'accord de Schengen (juin 1991)**
Elle définit les conditions de la libre circulation des personnes et permet la suppression progressive des contrôles aux frontières communes des États signataires.

Plantu, *Le douanier se fait la malle, 20 ans de dessins sur l'Europe*, Paris, Le Monde Éditions, 1992.

7 Restituer des connaissances (2 POINTS)

Quelles affirmations suivantes sont vraies ?

a. Robert Schuman a lancé la Communauté européenne du charbon et de l'acier (CECA).
b. Avant la CEE il y a eu un projet de Communauté européenne de défense (CED).
c. La Norvège est un État membre de l'Union européenne.
d. L'Union européenne est un État fédéral.

8 Utiliser des outils documentaires (2 POINTS)

Menez une recherche pour présenter la place dans la construction européenne d'un des traités suivants.

1985	Schengen	**1997**	Amsterdam
1992	Maastricht	**2001**	Nice
1993	Copenhague	**2007**	Lisbonne

9 Confronter des points de vue (1 POINT)

Comment définiriez-vous l'identité européenne ?
Vous pouvez, par exemple, vous référer à un ou plusieurs des domaines suivants : histoire, culture, langue, géographie, économie, éducation, politique, arts, etc.

10 Rédiger un texte en utilisant le vocabulaire historique (3 POINTS)

Expliquez pourquoi on peut affirmer que l'Union européenne est une construction sans précédent dans l'histoire de l'Europe.
Votre réponse comportera les mots suivants : *projet, identité, marché commun, liberté de circulation, supranationalité.*

CAPACITÉS GÉOGRAPHIE

- Localiser une situation par rapport à des repères géographiques
- Comparer des situations géographiques
- Produire un raisonnement relatif à la situation étudiée

Survol des vignobles de Saint-Emilion à l'occasion des Montgolfiades en 2016

Le vignoble Bordelais couvre pratiquement tout le département de la Gironde. Cinquante-sept appellations différentes se partagent les 6 millions d'hectolitres produits chaque année. Saint-Emilion fait partie des appellations mythiques du vignoble de Bordeaux. Les paysages viticoles des huit communes formant l'ancienne Juridiction de Saint-Emilion sont classés au patrimoine mondial de l'humanité par l'UNESCO.

3.2.2

2. Les espaces productifs

SITUATION 1 La *Cosmetic Valley*, un pôle de compétitivité national

Pour renforcer le tissu économique, l'État a impulsé la politique des pôles de compétitivité. L'exemple de la *Cosmetic Valley* permet d'en comprendre l'organisation et le fonctionnement.

SITUATION 2 Sophia Antipolis, une technopole

Des espaces d'activité d'un nouveau type se sont développés dans les dernières décennies. Ils incarnent l'excellence qui fait la puissance économique. Sophia Antipolis en fut le précurseur et reste le modèle de référence.

SITUATION 3 Pompey-Frouard en Lorraine, la reconversion d'un espace sidérurgique

Comme la plupart des espaces productifs industriels fondés sur les ressources du sous-sol, le bassin de Pompey au nord de Nancy a été confronté à des mutations économiques.

SITUATION 4 Le vignoble champenois, un espace agricole spécifique

L'ancienneté de l'implantation du vignoble et les processus de fabrication ont engendré un paysage et une économie originale.

SITUATION 5 Le Limousin, un espace agricole fragile

Le Limousin pose la question du maintien de l'agriculture dans des espaces ruraux en voie de dévitalisation.

Les milieux naturels européens

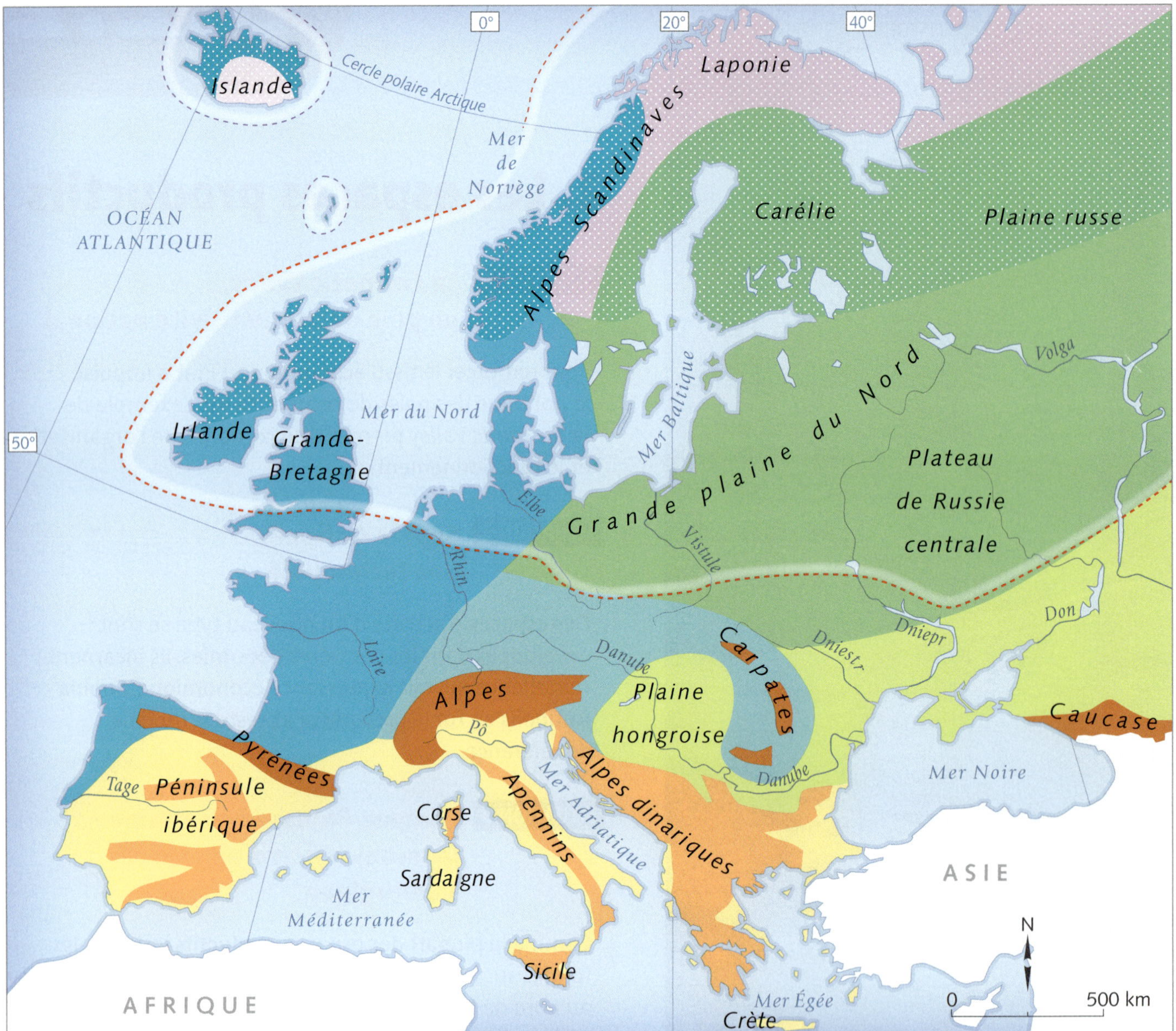

1. L'Europe du Nord

- Toundra polaire d'altitude
- Forêt boréale de conifères
- **Climat océanique froid**
- Avancée maximale des glaciers du Quaternaire

2. L'Europe des plaines et plateaux

- Plaines, plateaux et moyennes montagnes au milieu naturel très modifié par l'homme **Climat océanique**
- Plaines, plateaux et moyennes montagnes au milieu naturel très modifié par l'homme **Climat semi-continental**
- Grandes plaines de l'Europe orientale au milieu naturel très modifié par l'homme **Climat continental**

3. L'Europe des montagnes méditerranéennes

- Plaines et bassins du système alpin au milieu narturel modifié **Climat semi-continental**, plus chaud en été
- Hautes montagnes alpines marquée par un fort étagement des milieux
- Montagnes méditerranéennes marquées par l'abandon partiel des milieux étagés
- Plaines et plateaux méditerranéens au milieu naturel très modifié par l'homme

Les inégalités de richesse au sein de l'Union européenne

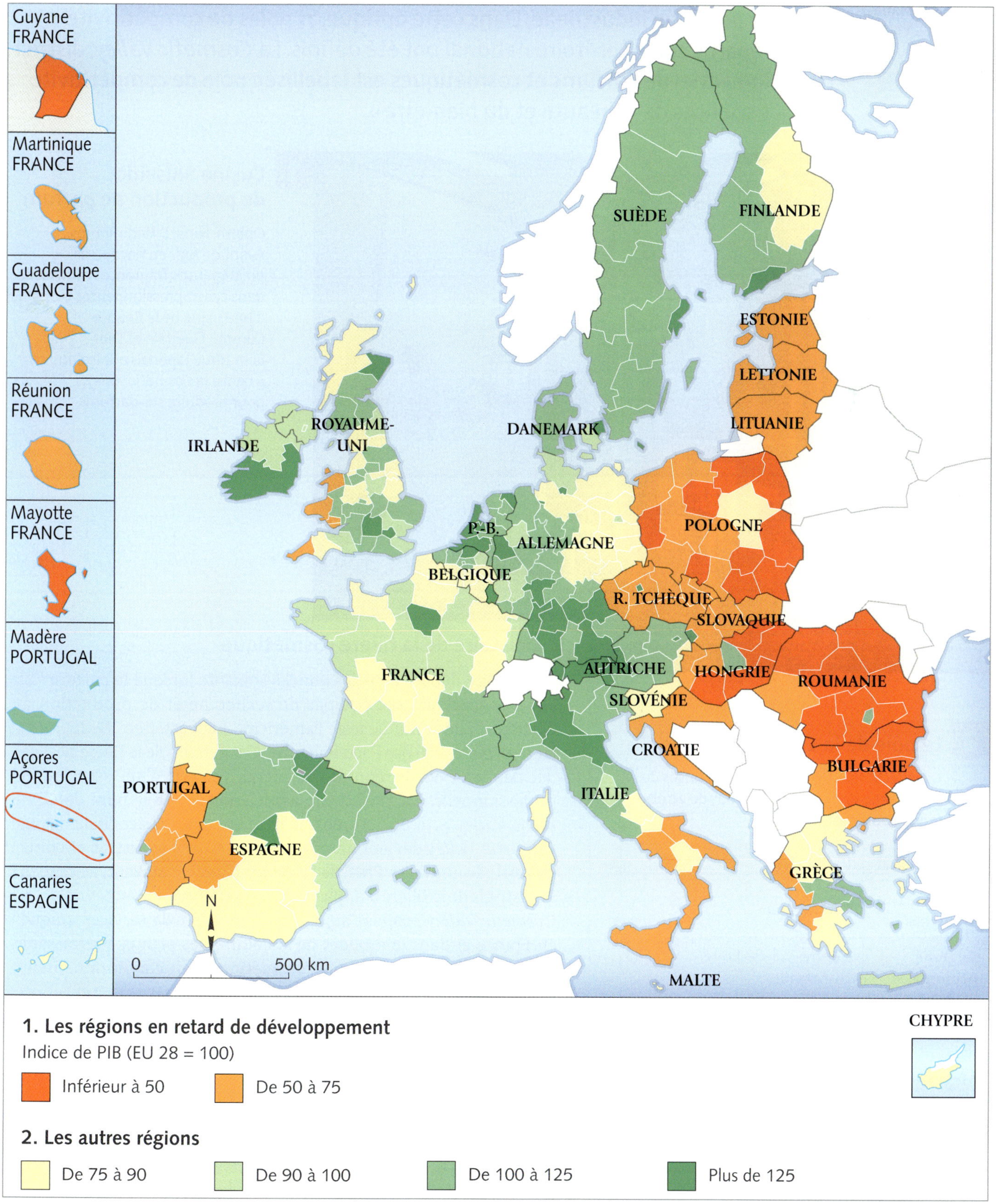

SITUATION 1 La *Cosmetic Valley*, un pôle de compétitivité national

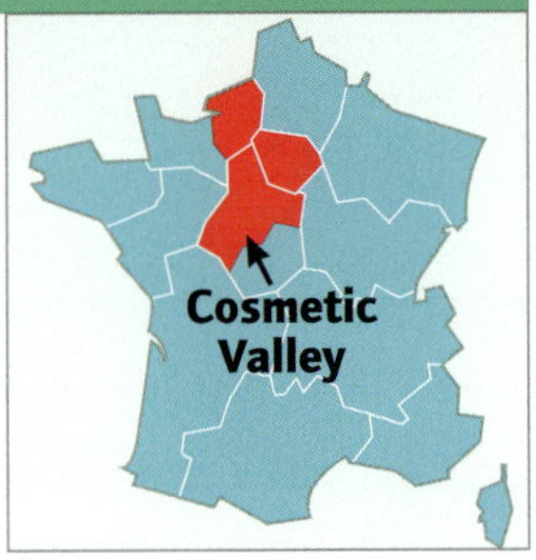

En 2004, le gouvernement français s'est engagé dans la rénovation de sa politique industrielle. Dans cette optique, 71 pôles de compétitivité répartis sur le territoire national ont été définis. La *Cosmetic Valley*, district industriel de parfums et cosmétiques est labellisée pôle de compétitivité « sciences de la beauté et du bien-être ».

1 L'usine Shiseido de production de parfum

Opium, Nina, L'Air du Temps... Avant de finir en flacon, ces prestigieuses fragrances mûrissent dans ces impressionnantes cuves d'une usine de la Beauce. Comme Guerlain et Dior, la marque japonaise Shiseido a choisi la *Cosmetic Valley*, pour produire ses parfums.

2 Le pôle de la *Cosmetic Valley*

Les effectifs salariés dans les entreprises de la *Cosmetic Valley* s'élèvent à plus de 20 000 (dont 3 000 cadres).

Pôle national	Parfumerie
Domaines sectoriels	Cosmétique
Régions principales	Centre-Val-de-Loire, Normandie
Membres actifs	– Entreprises : 251 – PME (< 250 salariés) : 169 – Centres de recherche : 3 (Universités – CNRS – INRA) – Centres de formation : 14 – Autres partenaires : 19 (Collectivités – partenaires privés)

Tableau de bord des pôles de compétitivité, DATAR, 2016.

3 L'histoire de la filière cosmétique

L'histoire débute dans les années soixante lorsque le parfumeur Fabergé implante ses équipes de recherche et de production à Chartres. Elle continue avec l'américain Lancaster en 1972, Guerlain, suivi en 1976 par Paco Rabanne. Ces acteurs de la filière beauté décident en 1994 de réunir leurs énergies au sein d'une association professionnelle. En 1998, cette association prend le nom de *Cosmetic Valley* [...]. Structurée à la manière des districts italiens[1], la *Cosmetic Valley* devient un pôle de dynamisme industriel et commercial : de nouvelles PME de la filière beauté s'installent, de grands industriels de la filière y implantent leurs unités de production... La *Cosmetic Valley* propose aujourd'hui une offre de services unique en France et dans le monde : de la culture des plantes fournissant des extraits naturels pour les cosmétiques, au conditionnement et à l'expédition des produits finis, en passant par la composition de nouveaux jus, l'injection plastique et l'habillage des flacons, la création de formules cosmétiques, le contrôle et l'évaluation des produits, la conception de présentoirs, la logistique [...] la *Cosmetic Valley* a aussi initié un rapprochement avec le secteur Pharmacie.

D'après le site officiel de la ville de Chartres.

1. District industriel (ou cluster chez les Anglo-Saxons) : espace régional où des entreprises œuvrent de façon complémentaire pour une même branche de production.

CAPACITÉS
- Dégager l'idée essentielle d'un document
- Utiliser le vocabulaire disciplinaire
- Caractériser une situation géographique

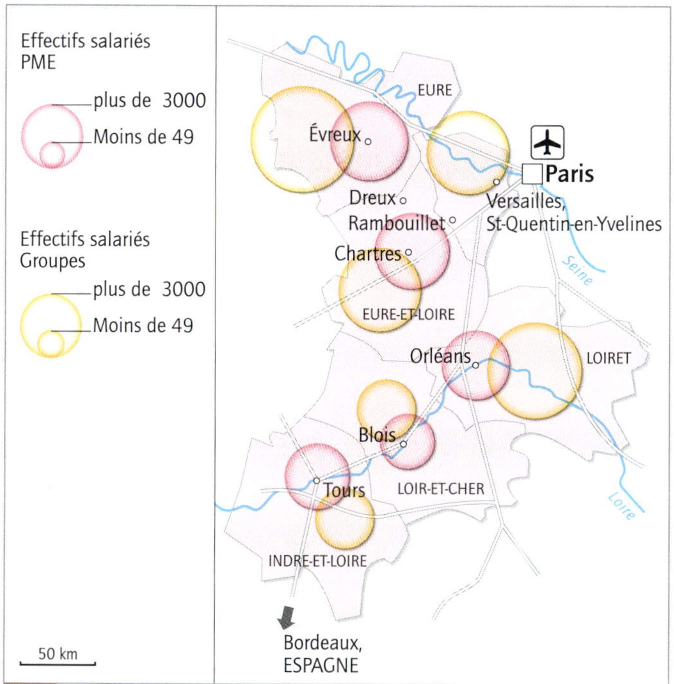

4 Les entreprises de la *Cosmetic Valley*

5 Le rayonnement international de la *Cosmetic Valley*

Depuis quelques années la *Cosmetic Valley* multiplie les initiatives à l'international. Ce réseau français d'industriels, de centres de formation et de centres de recherche, basé à Chartres, s'est engagé auprès d'acteurs guyanais, togolais et s'apprête à conduire un projet avec les agriculteurs colombiens. […] En Guyane, le projet est né de la nécessité de trouver des produits sans parabènes, ces conservateurs utilisés dans les produits cosmétiques et suspectés de provoquer des cancers du sein. […] Le projet de recherche initié en 2005 avec l'entreprise Fleur Amazone, consiste à récolter sur place des échantillons qui sont envoyés pour étude. […] Les résultats, encourageants, ont décidé les responsables de *Cosmetic Valley* à établir d'autres échanges de ce type. Au Togo par exemple, un partenariat avec l'Université de Lomé a permis d'inventorier les ressources naturelles utilisées en cosmétique traditionnelle. […] En Colombie, la région du Choco a été choisie pour un projet comparable.

D'après un article de Delphine Barrais publié dans *Actualités en France* n° 09, décembre 2009.

6 Le département « Génie du conditionnement et de l'emballage » à l'IUT d'Evreux

Un bon emballage cosmétique doit répondre à de nombreux critères et à de nombreuses contraintes : l'ensemble de ces points sont abordés dans les formations GCE (DUT et Licence). Les Techniciens packaging GCE intègrent à la fois les contraintes esthétiques et techniques liées à la conception d'un emballage cosmétique.

Dans ce contexte, le département GCE de l'IUT d'Evreux appartient au pôle formation du pôle de compétitivité « sciences de la beauté et du bien-être » *Cosmetic Valley* (Centre, Ile-de-France, Haute-Normandie).

Article publié dans *Le Monde de l'emballage et du Packaging* en 2007.

ITINÉRAIRE 1

Dégager l'idée essentielle d'un document

1. Quels sont les atouts de la *Cosmetic Valley* qui ont incité les grands parfumeurs à s'y installer ? (doc. 3 et 4)
2. La *Cosmetic Valley* constitue un district industriel. Quels sont les domaines d'activités qui, en amont et en aval de la parfumerie, contribuent à la formation d'une filière intégrée ? (doc. 1,3 et 6)

Caractériser une situation géographique

3. Quelles sont les caractéristiques des structures d'entreprises ? (doc. 2, 3 et 4)
4. La politique des pôles de compétitivité vise à susciter puis soutenir les initiatives émanant des acteurs économiques et institutionnels présents sur un territoire. Identifiez les différents acteurs (selon leur statut, taille et échelle géographique) et les actions menées dans ce sens. (doc. 4, 5 et 6).

ITINÉRAIRE 2

En quoi un pôle de compétitivité est-il facteur de développement pour l'ensemble d'une filière et pour l'ensemble d'un territoire ?

SITUATION 2 Sophia Antipolis, une technopole

Les activités de haute technologie, intégrant les découvertes et applications scientifiques les plus récentes dans les domaines de l'information et de la communication (NTIC), et des biotechnologies ont suscité le développement d'espaces spécifiques : les technopoles ou parcs technologiques. Ils jouent souvent un rôle moteur dans les pôles de compétitivité. Sophia Antipolis, dans l'arrière-pays de la Côte d'Azur, en est l'exemple le plus représentatif.

1 Le développement des technopoles

L'association de la recherche de l'enseignement supérieur et des industries de haute technologie semblait offrir des espoirs si l'on se fondait sur de spectaculaires réussites en Californie, dont le développement de la Silicon Valley fascinait. [...] Sur la Côte d'Azur, c'est autour des laboratoires de l'École supérieure des Mines de Paris, décentralisée en 1976, que prenait son essor, selon la même logique, un vaste parc d'activités, Sophia Antipolis. [...] S'imposa rapidement le concept de technopoles pour désigner ces zones d'activités conçues pour favoriser les synergies entre universités, laboratoires de recherches et industries high-tech. [...] La matière grise n'imposant pas les mêmes contraintes de localisation que les matières premières d'antan, les investissements ont privilégié des lieux présentant des caractéristiques particulières (soleil, qualité de la vie et de l'environnement, culture).

Recompositions territoriales, Robert Marconis, DP n° 8051, 2006.

2 L'environnement régional

« Avec 300 jours de soleil par an, des paysages de rêve entre mer et montagne, un riche patrimoine et un monde culturel en constante effervescence, la Côte d'Azur est un véritable lieu d'épanouissement. L'activité professionnelle intense s'accompagne d'un mode de vie tourné vers les loisirs et la détente ».

Extrait d'une brochure publicitaire.

3 Polytech, université à Sophia Antipolis

CAPACITÉS
- Localiser une situation en fonction de repères géographiques
- Confronter les informations d'un ensemble documentaire

4 La charte d'aménagement du parc

Le programme s'est étendu en collaboration avec les collectivités territoriales (5 communes, département des Alpes-Maritimes, région PACA) et l'État.

Une charte instaure notamment la règle des 2/3 d'espaces verts et 1/3 d'espaces constructibles, ainsi que l'intégration des bâtiments dans l'environnement et l'équilibre des activités. Aucune dérogation n'est possible aux principes de la charte. Les 1 500 hectares d'espaces verts, plantés d'essences méditerranéennes qui entourent le Parc, constituent la « Couronne Verte » de Sophia Antipolis. Aménagés en parcs départementaux, ils sont largement ouverts au public. Les 150 hectares consacrés aux espaces de loisirs et à l'habitat accueillent aujourd'hui près de 3 500 familles dont 70 % représentent des actifs extérieurs au Parc afin d'éviter tout effet de ghetto. Les 650 hectares restants accueillent des entreprises nationales et internationales, des centres de recherche et d'enseignement supérieur. Aucun bâtiment ne peut excéder en hauteur la ligne de crêtes des collines du parc. Les immeubles sont élégants, associant les panneaux d'énergie solaire aux toits en terrasse.

Charte d'aménagement du parc de Sophia Antipolis, Ministère de l'Écologie, de l'Énergie durable et de la mer.

5 Le toit de la société Axun à Sophia Antipolis

Axun Solar est une entreprise spécialisée dans le photovoltaïque, les pompes à chaleur et les camions thermiques.

6 Sophia Antipolis, première technopole d'Europe

Le recensement
– 1 350 entreprises, 40 % ont une activité de R&D ;
– 34 400 emplois dont 54% de cadres ;
– 5 500 étudiants ;
– 4 500 chercheurs du secteur public ;
– 63 nationalités, 170 entreprises à capitaux étrangers représentant 13 % des entreprises de la technopole et 28 % des emplois.

Les secteurs dominants
– Les technologies de l'information, de l'informatique, de l'électronique et des télécommunications : 364 entreprises, soit 27% du parc regroupant 45% du personnel (15 400 emplois) ;
– Les sciences de la vie : 67 entreprises (5% du parc) regroupant 9% du personnel (4 000 emplois) ;
Les services aux entreprises : 567 entreprises (42% du parc) regroupant 29 % du personnel (9 976 emplois).

Rapport d'activité 2016, Sophia Antipolis.

ITINÉRAIRE 1

Localiser une situation en fonction de repères géographiques

1 Localisez et situez Sophia Antipolis dans son environnement régional. Quels avantages la région peut-elle mettre en avant ? (doc. 1 et 2)

2 En quoi la charte d'aménagement contribue-t-elle à la qualité du lieu et s'inscrit-elle dans une perspective de développement durable ? (doc. 4)

Confronter les informations d'un ensemble documentaire

3 Décrivez le paysage en le mettant en relation avec la charte d'aménagement et la carte. (doc. 2,3,4 et 5)

4 Quels ont été les acteurs de la réalisation de Sophia Antipolis ? (doc. 1,4 et 6)

5 Comment l'orientation vers les hautes technologies et la présence de « matière grise » se traduisent-elles ? (doc. 6)

ITINÉRAIRE 2

En quoi le développement de Sophia Antipolis a-t-il changé l'activité et l'image de la Côte d'Azur ?

SITUATION 3

Pompey-Frouard, la reconversion d'un espace sidérurgique en Lorraine

CONSIGNE GÉNÉRALE

Par groupe, vous allez étudier l'évolution de l'activité industrielle du bassin de Pompey-Frouard. Chaque groupe va présenter à l'oral le résultat de son travail. Vous prendrez en note les informations importantes.

En Lorraine, la présence de minerai de fer dans le sous-sol a justifié le développement d'une puissante sidérurgie. À partir des années 1970, celle-ci entre en crise et les fermetures d'aciéries se succèdent. Le bassin de Pompey, au nord de Nancy, au confluent de la Meurthe et de la Moselle, est un exemple de reconversion de l'espace productif industriel.

ÉQUIPE 1 Pompey-Frouard, un espace productif industriel

Décrivez la situation économique du bassin sidérurgique de Pompey-Frouard dans les années 1970.

1 Les aciéries de Pompey dans les années 1970

Développées à la fin du XIXe siècle, les aciéries de Pompey valorisent le minerai de fer de la « côte de Moselle » toute proche. Elles s'enorgueillissent d'avoir fabriqué l'acier de la Tour Eiffel, et de la statue de la Liberté à New York. À leur apogée, elles employaient 5 000 personnes. Mais elles n'ont pas résisté à la crise de la sidérurgie « continentale » (située à l'intérieur des terres, par opposition à la sidérurgie « littorale » des zones industrialo-portuaires). Définitivement fermées en 1986, elles laissent un bassin d'emploi sinistré (3 000 emplois supprimés) et d'importantes friches industrielles.

ÉQUIPE 2 Pompey-Frouard, la reconversion d'un espace productif industriel

Expliquez les étapes de la reconversion du bassin sidérurgique de Pompey-Frouard depuis les années 1970.

2 Le début de la reconversion

La reconversion a commencé au Nord par la création de trois zones d'activité et par l'implantation de 70 entreprises (Clarion, Sofreb, Raflatac, etc.). D'importants travaux sont financés par l'État, la Région, l'EPML (établissement public des métropoles lorraines) et l'Union européenne. La communauté de communes attend beaucoup de l'effet locomotive de Delipapier (228 emplois) et de Lit Dupont (110 emplois), les deux premières entreprises à s'être implantée. Autre enjeu sur la zone: constituer un pôle logistique fort au nord de Nancy. « La plate-forme multimodale que nous souhaitons favoriser va profiter de l'autoroute A31, de la gare de triage de Champigneulles, et également de la proximité du port de Frouard » explique le directeur du comité d'aménagement. Les travaux d'aménagement et la plate-forme logistique ont été financés par la communauté de communes, l'État, le Conseil régional et le Conseil général.

D'après C. de Dianous, *Courrier économique*, janvier 1998.

3 Le parc d'activités Eiffel Énergie aujourd'hui

Vingt ans après la disparition de l'ancienne sidérurgie, l'espace est réinvesti. Des entreprises internationales comme Novasep, Délipapier, 3E international, Converteam motors ont choisi le parc Eiffel pour s'implanter. Elles bénéficient d'un accès direct à l'autoroute A31.

4 L'implantation de l'usine de Delipapier

Avec une production de près d'un million de tonnes de papier sanitaires par an, le groupe italien Sofidel peut revendiquer la place de numéro deux européen du secteur du papier sanitaire, derrière le suédois SCA. « Notre première stratégie est d'avoir le meilleur maillage existant », souligne le directeur général de Delipapier, filiale de Sofidel pour la France, basée à Frouard. L'objectif est de réduire les distances pour réduire les coûts logistiques, d'où l'importance de la localisation des usines. Depuis Frouard, site créé de toute pièce en 1997, sur la friche des aciéries de Pompey, Delipapier sert 10 millions de consommateurs, grâce à 100 semi-remorques qui quittent le site chaque jour. A l'époque de la création du site, des cercles de 400 kilomètres de rayon avaient été tracés pour trouver l'endroit approprié. En plus d'un très grand quart Est de la France, le site, au cœur d'une des zones de plus forte densité en Europe, sert le Luxembourg, la Belgique, les Pays-Bas ou encore l'ouest de l'Allemagne.

Jean-François Michel, *Journal des entreprises*, 4 avril 2014.

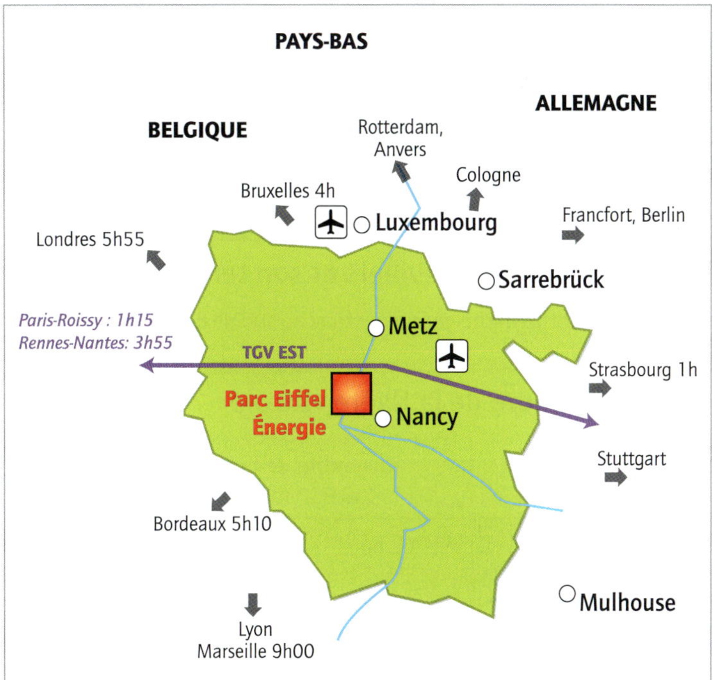

5 La situation géographique du Parc Eiffel Énergie (Bassin de Pompey)

Le développement économique s'appuie sur le Parc Eiffel Énergie : un territoire d'activités de 140 hectares, la présence de plus de 120 entreprises, l'emploi de près de 4 000 personnes.

SITUATION 4

Le vignoble champenois, un espace agricole spécifique

La France figure parmi les plus grands pays viticoles mondiaux : 1er producteur (avec l'Italie), 2e exportateur (derrière l'Italie), 2e superficie en vigne (derrière l'Espagne). La diversité des données naturelles, l'ancienneté des savoir-faire permet une variété de vins caractérisés par leur origine régionale (Bourgogne, Alsace, Bordeaux...) qui assure leur réputation. Le vignoble français est cependant concurrencé par la montée en puissance de nouveaux producteurs.

1 Le village d'Hautvillers et son terroir

Village de la Marne, près d'Epernay au sud de Reims.

2 Le champagne : un vin d'exception, un produit de fête

L'invention du champagne est assez controversée mais Dom Pérignon, de l'abbaye d'Hautvillers (Marne), réussit à produire à la fin du XVIIe siècle des vins clairs pétillants avec du pinot noir. Ce sont les Anglais qui, les premiers, s'entichent du champagne, au XVIIe siècle. La mode de consommer le Champagne se diffuse en Europe au XVIIIe et XIXe siècles, puis dans le monde entier au cours du XXe siècle, où il est adopté comme vin de fête.

Produit de haute technologie (maîtrise de la deuxième fermentation, mise au point de la bouteille, du bouchon), le champagne est un vin d'assemblage de trois cépages – pinot noir, pinot meunier et chardonnay qui sont cultivés sur des terroirs crayeux et calcaires essentiellement. Sa renommée doit beaucoup à la tradition marchande issue des foires médiévales de Champagne et au talent commercial de familles françaises (Moët), rhénanes (Heidsieck, Mumm, Bollinger), belges (Venoge, Van der Vecken) et de sociétés du luxe (comme LVMH).

Gilles Fumey et Olivier Etcheverria, *Atlas mondial des cuisines et des gastronomies*, Éditions Autrement, 2009.

3 La structure de la filière viticole

	Ensemble de la filière (30 050 familles)	15 800 vignerons et leurs coopératives	300 maisons et leurs grandes marques
Surface	32 762 ha	29 322 ha	3 440 ha
Salariés	9800	6200	4500
Vente	309 millions de bouteilles	104 millions de bouteilles	205 millions de bouteilles
Chiffre d'affaires	4,7 milliards d'euros	1,6 milliards d'euros	3,1 milliards d'euros
France = 52%	162 millions de bouteilles	55 millions de bouteilles	107 millions de bouteilles
Export = 48%	151 millions de bouteilles	30 millions de bouteilles	121 millions de bouteilles

Données organismes professionnels, CIVC, 2015.

CAPACITÉS
- Décrire et analyser un paysage en géographie
- Confronter les informations d'un ensemble documentaire

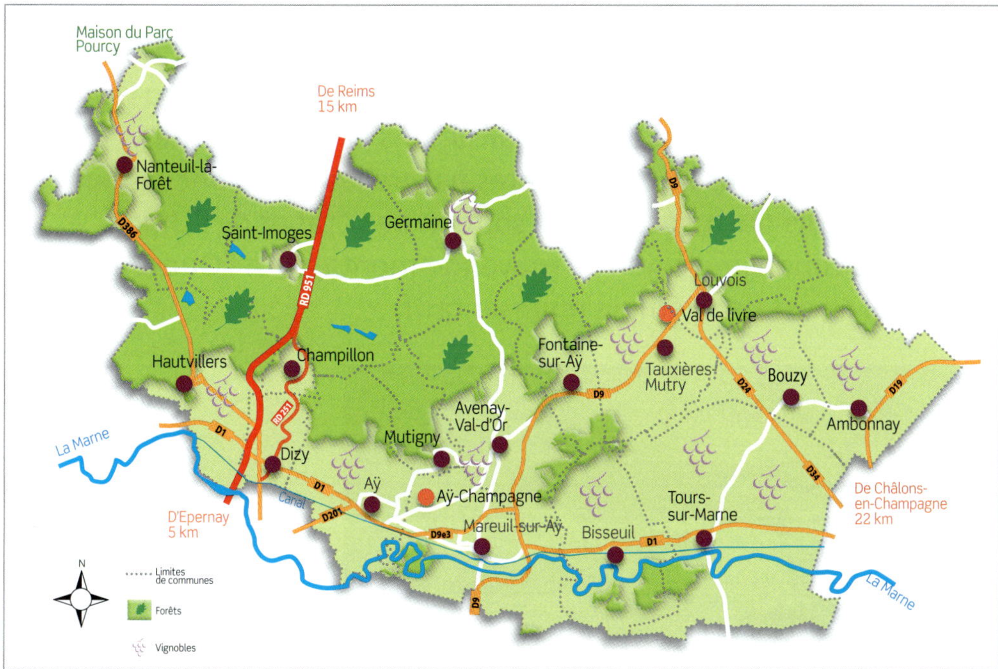

4 **Carte de l'office de tourisme d'Hautvilliers**

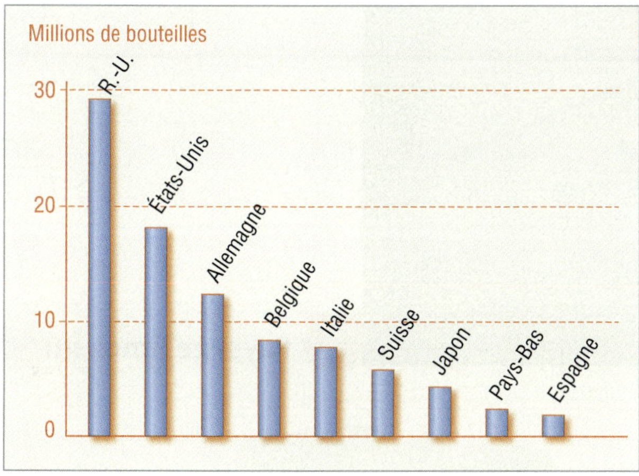

5 **Les clients à l'exportation (pays importateurs)**

6 Un marché en hausse à l'exportation

En hausse de 4,6% par rapport à l'année 2014, le chiffre d'affaires dégagé par le vin de Champagne en 2015 est excellent. Côté exportations, il y a matière à se réjouir. Hors Union Européenne, les États-Unis, le Japon ou encore l'Australie sont de plus en plus friands de vin de Champagne. La clientèle est davantage prête à payer un prix élevé pour du vin lié à la France, à ses valeurs et à son image. Les ventes européennes se portent bien, le Royaume-Uni, l'Allemagne et la Belgique demeurent les premiers importateurs. De son côté, la France, qui représente tout de même 52 % du marché, voit ses ventes stagner après plusieurs années de baisse. Paradoxalement, le volume des ventes (en nombre de bouteilles vendues) n'est pas à son plus haut historique, mais les bouteilles se sont vendues plus cher. Cette augmentation des prix s'explique par une méthode de valorisation plus proche d'une stratégie de luxe que d'une démocratisation du vin comme on peut voir dans d'autres endroits. L'objectif est de continuer à croître en valeur et non en volume.

D'après Paul Louis, « Les ventes de champagne atteignent un record en 2015 », lefigaro.fr, 17 février 2016.

ITINÉRAIRE 1

Décrire et analyser un paysage en géographie

1 Identifiez et décrivez les trois unités paysagères de la photographie et de la carte de l'office du tourisme. (doc. 1 et 4)

2 Quelle est la particularité du vin de Champagne ? Pourquoi est-il « un produit de haute technologie » ? (doc. 2)

Confronter les informations d'un ensemble documentaire

3 Calculez et comparez la part des grandes maisons dans les superficies, la production et les exportations. Qu'en déduisez-vous sur leur rôle dans l'organisation de la filière viticole ? (doc. 3 et 6)

4 Quelles sont les caractéristiques des principaux pays importateurs ? (doc. 2, 5 et 6)

ITINÉRAIRE 2

En quoi le vignoble champenois est-il à la fois l'illustration de la tradition agricole française et de son industrie de luxe.

SITUATION 5 Le Limousin, un espace agricole fragile

Les inégales aptitudes naturelles des régions et leur ouverture au marché mondial se sont traduites par des spécialisations et des disparités. Les espaces montagnards aux contraintes naturelles fortes ont connu une déprise agricole qui a nécessité le soutien de l'État et de l'Union européenne. Le Limousin, région de moyenne montagne à l'Ouest du Massif Central en est un exemple représentatif.

1 Paysage limousin

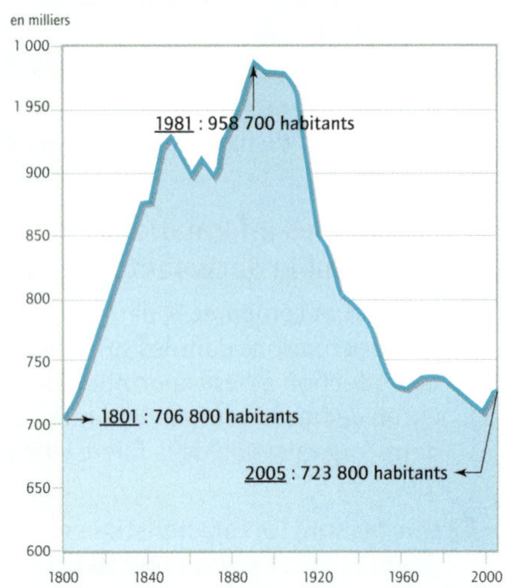

2 Évolution de la population du Limousin de 1801 à 2007

En 2007, le Limousin compte 733 000 habitants, la densité moyenne y est de 43,1 habitants/km².

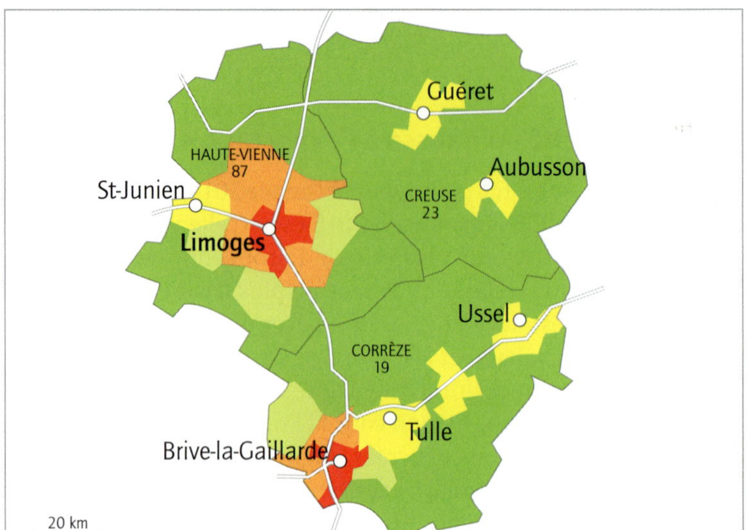

Typologie des espaces ruraux :
- urbanisé et periurbain de proximité
- rural en voie de périurbanisation
- petite ville rurale
- rural agricole vieilli et peu dense
- rural en transition

source : DATAR/DIACT.EGESA

3 Typologie des espaces ruraux en région Limousin

CAPACITÉS
- Dégager l'idée essentielle d'un document
- Utiliser le vocabulaire disciplinaire
- Confronter les informations d'un ensemble documentaire

4 La qualité et les activités complémentaires au secours de l'agriculture limousine

Une exploitation professionnelle agricole limousine sur deux valorise sa production en vendant au moins un produit, brut ou transformé, sous signe officiel de qualité : Label Rouge, Appellation d'Origine contrôlée, Indication Géographique Protégée ou Certification de Conformité Produit. Ces marques garantissent l'origine et les conditions de fabrication des produits et contribuent ainsi à l'image de l'agriculture limousine. Dans la région sont notamment commercialisés la « Pomme du Limousin », le « Bœuf du Limousin », le « veau sous la mère », l' « agneau du Limousin ». Les exploitations spécialisées dans l'élevage ovin-caprin sont proportionnellement plus nombreuses que la moyenne à vendre sous signe de qualité (près des deux tiers) [...]. La pratique de l'agriculture biologique demeure encore marginale : moins de 200 exploitations professionnelles s'y sont engagées. [...] La pratique d'activités non agricoles en complément des activités purement agricoles se poursuit. Elle concerne un millier d'exploitations. Il s'agit plus particulièrement de la vente directe et de la transformation de produits fabriqués au sein de l'exploitation ainsi que des activités liées au tourisme.

D'après *Agreste Limousin*, n° 51, janvier 2009.

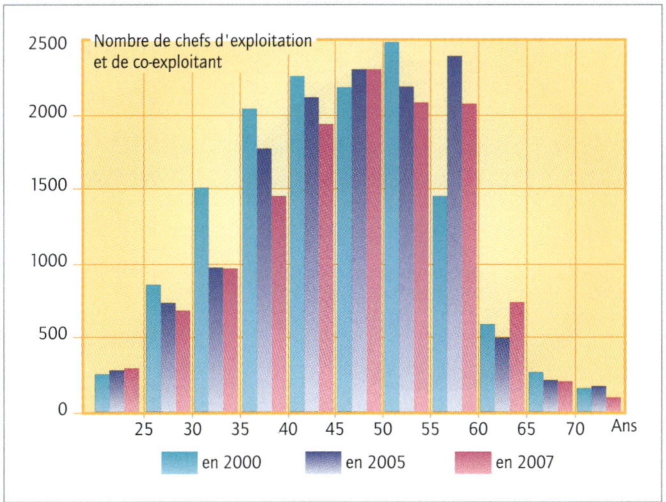

5 L'âge des chefs d'exploitation

6 Le soutien et les aides publiques au titre de la revitalisation rurale

Le Limousin est classé en zone de revitalisation rurale. Les zones de revitalisation rurale créées par la loi d'Orientation pour l'Aménagement et le Développement du Territoire (LOADT) du 4 février 1995, confirmées par la loi relative au développement des territoires ruraux du 23 février 2005 visent à aider le développement des territoires ruraux principalement à travers des mesures fiscales et sociales. Le Fonds National d'Aménagement et de Développement du Territoire (FNADT) apporte le soutien de l'État aux actions de la politique d'aménagement et de développement durable du territoire.

La Commission européenne a approuvé un programme opérationnel en faveur du Massif Central pour la période 2007-2013. Ce programme relève de l'objectif « compétitivité régionale et emploi » ; son budget total est d'environ 101 millions d'euros.

L'aide apportée par l'Union européenne au titre du Fonds européen de développement régional (FEDER) s'élève à quelque 41 millions d'euros.

Programme opérationnel « Massif Central ».
www.massif-central-datar.gouv.fr

ITINÉRAIRE 1

■ Dégager l'idée essentielle d'un document

1. Analysez la répartition des types d'espaces ruraux. En quoi peut-on parler d'isolement du « rural agricole » (infrastructures de communication, pôles urbains) ? (doc. 3)
2. Quelle est l'évolution de la population depuis 1850 ? En quoi est-elle le reflet d'une région à l'activité rurale dominante ? (doc. 2)
3. De quelles aides publiques le Limousin bénéficie-t-il ? (doc. 6)

■ Confronter les informations d'un ensemble documentaire

4. Caractérisez la structure par âge des chefs d'exploitation en 2007 et son évolution depuis 2000. (doc. 5)
5. Quelles sont les actions entreprises par les agriculteurs pour valoriser leur production ? Montrez que ces actions convergent avec l'évolution des structures. (doc. 4)
6. Décrivez la photographie. Dites en quoi elle illustre les caractéristiques des campagnes limousines que vous venez de dégager. (doc. 1)

ITINÉRAIRE 2

Déprise ou revitalisation ? Quels sont les signes de redynamisation de l'espace productif agricole mais aussi ceux qui montrent qu'il s'agit de « campagnes fragiles » ?

Les espaces productifs

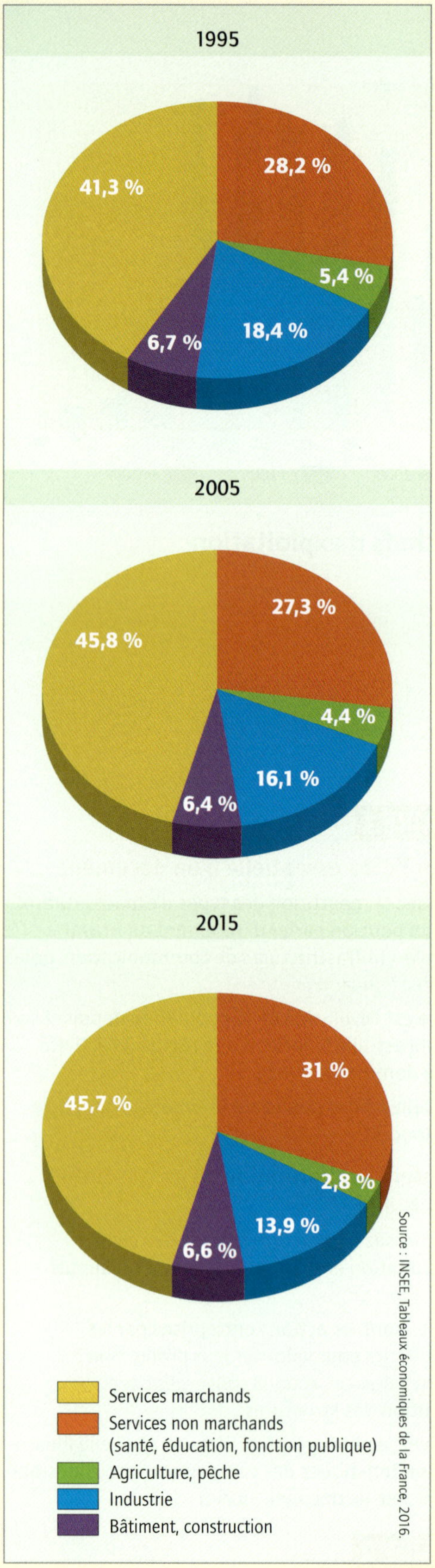

L'emploi en France par secteurs d'activités

La France appartient aux pays riches et développés du Nord : elle est actuellement la sixième puissance économique mondiale. Sa puissance et son rayonnement sont anciens. Les révolutions agricole et industrielle qu'elle a connues ont marqué ses territoires. Les évolutions économiques et techniques, les crises ont profondément modifié la nature des activités, bouleversé et transformé les espaces productifs.

Une grande et ancienne puissance économique

La France est la 6e puissance économique mondiale par son PIB

Pays riche et développé, elle constitue avec les autres membres de l'UE un pôle majeur de la Triade (avec l'Amérique du Nord et l'Asie orientale) qui anime la mondialisation.

Des espaces marqués par les héritages et les mutations successives des systèmes productifs

Vieille puissance économique, la France a connu depuis le XXe siècle les révolutions agricoles et industrielles et les crises qui ont accompagné ces mutations. Aujourd'hui la confrontation à la compétition internationale se traduit par des mutations sectorielles, des reconfigurations spatiales accompagnées par des politiques d'aménagement des territoires.

Les espaces productifs d'une économie postindustrielle

Le poids des services, la tertiarisation des activités

Le secteur tertiaire est devenu prépondérant dans l'activité économique. Les services marchands, aux particuliers et surtout aux entreprises se sont particulièrement développés, l'essor du tourisme (France première destination mondiale) y contribue également. Les services organisent l'espace à partir des différents niveaux de villes et des réseaux de transports. Les services de niveau supérieur (université, recherche, commandement) se concentrent dans les grandes villes, métropoles qui assurent ainsi leur rayonnement et polarisent l'ensemble du territoire.

La désindustrialisation et les mutations sectorielles

Comme tous les pays industrialisés, la France a connu depuis les années 1970 une profonde crise industrielle qui s'est traduite par la quasi disparition des industries traditionnelles. Même accompagnés des mesures d'aide de l'État ou de l'UE pour aider à leur reconversion, ces anciens espaces industriels se retrouvent souvent sinistrés.

Pour autant, l'industrie assure plus de 80 % des exportations et concentre les deux-tiers de la recherche-développement. C'est que l'activité industrielle s'est redéployée vers les secteurs de haute technologie qui exigent des emplois très qualifiés, en liens forts avec la recherche. La France s'illustre dans des secteurs d'excellence comme l'aéronautique et l'aérospatial (en coopération européenne), l'industrie nucléaire. Les technopoles ont contribué à cette mutation. La politique des pôles de compétitivité entend encourager et favoriser cette orientation.

La diversité des espaces agricoles d'une puissance agroalimentaire

La première agriculture européenne et la deuxième puissance exportatrice

Avec 20 % de la production de l'Europe la France est de loin la première puissance agricole de l'UE. Ses excédents exportables en font la deuxième puissance commerciale agricole du monde derrière les États-Unis. La qualité des productions (vins, fromages...) assure la réputation internationale de certaines régions françaises et contribue à l'image de la France dans le monde. Pour se maintenir à ce niveau, l'agriculture a subi dans la seconde moitié du xxe siècle de très profondes mutations (encouragées et accompagnées par la PAC) qui en ont fait une agriculture moderne, technique, productiviste, avec de moins en moins d'agriculteurs.

La diversité des espaces agricoles et le défi de l'agriculture durable

La taille du territoire, la diversité de ses données naturelles, permettent une grande variété de productions. La modernisation agricole, le passage à une activité tournée vers les marchés, ont contribué à la spécialisation des espaces productifs (grande culture céréalière, élevage...) et au recul de la polyculture. La condition paysanne est également très diverse : de forts contrastes de revenus opposent les régions d'élevage de montagne et les régions céréalières du Bassin parisien ou les vignobles de réputation mondiale. Les logiques productivistes de l'agriculture française sont aujourd'hui questionnées et remises en cause par les préoccupations environnementales et le souci d'une agriculture durable.

L'A380 : une réussite industrielle française et européenne
À Hambourg, le 10 juillet 2014, la compagnie des Émirats arabes unis prend possession de son 50e airbus A380. Principalement fabriqué au Royaume-Uni, en Allemagne, en Espagne et en France, les pièces d'avion sont assemblées à Toulouse.

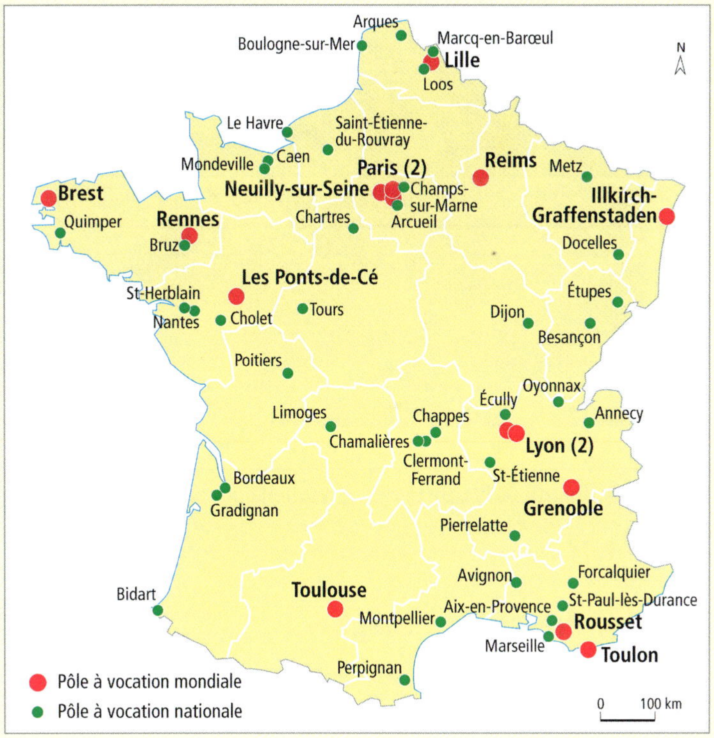

Les pôles de compétitivité : les nouveaux hauts lieux de la recherche et de l'innovation

Comprendre le cours

1. En quoi la France est-elle une puissance économique à la fois ancienne et récente ?
2. Quelles sont les conséquences de la désindustrialisation ?
3. Dans quels secteurs l'activité industrielle s'est-elle redéployée ?
4. La répartition des pôles de compétitivité peut-elle contribuer au dynamisme économique ?
5. Qu'appelle-t-on diversité des espaces agricoles ?

Notions Bac

Système productif : ensemble des activités économiques liées à la production, à la conception, au management et à la commercialisation.

Technopole : parc de haute technologie. Quand il s'identifie à une ville, on parle de technopôle.

Désindustrialisation : diminution ou disparition de l'activité industrielle.

Reconversion : changements d'activités économiques d'une entreprise, d'un espace géographique.

Métropole : agglomération dotée de fonctions de commandement qui a une zone d'influence très étendue.

MÉTHODE Analyser une image

Démarche

L'usine Bonduelle d'Estrées-Mons. Image satellite Google Earth, 27 septembre 2015, 49°52'31.33"N, 3°02'46.06"E.

1 Présenter l'image

Vous devez présenter la nature de l'image, le lieu et la date ainsi que la source.

Réalisée le 27 septembre 2015, l'image est une vue aérienne du site de l'usine agroalimentaire Bonduelle d'Estrées-Mons dans le département de la Somme. Elle provient du site Internet Google Earth qui permet de visualiser des images satellites.

2 Décrire l'image

Vous devez décrire les éléments identifiables sur l'image et l'organisation spatiale.

Plusieurs bâtiments sont visibles sur l'image, ils sont situés au milieu de parcelles cultivées, à proximité d'une piste d'atterrissage et d'un carrefour routier.

3 Interpréter l'image

Vous expliquez ce que nous apprend ce paysage sur le fonctionnement d'une entreprise de la filière agroalimentaire.

L'entreprise Bonduelle est située au cœur d'un terroir riche, le Santerre. La production de légumes régionale peut être transformée directement dans l'usine pour produire des conserves ou des surgelés. Les routes autour de l'entreprise permettent de livrer les circuits de grande distribution. La piste d'atterrissage démontre la possibilité d'accès rapide pour les partenaires commerciaux de l'entreprise à l'échelle nationale et internationale.

Exercice d'application

Port céréalier de Rouen (Seine-Maritime). Bien que situé à 80 km de l'estuaire de la Seine, Rouen est le premier port exportateur de céréales de l'Union européenne.

1 Présenter l'image

Évoquez la nature de l'image ainsi que le lieu et le thème représenté par celle-ci.

2 Décrire l'image

Décrivez les infrastructures identifiables sur l'image et l'organisation spatiale qui les caractérise.

3 Interpréter l'image

Expliquez en quoi cette image nous permet de comprendre le fonctionnement du port céréalier de Rouen.

ÉVALUATION Mobiliser ses connaissances (20 points)

1 Restituer ses connaissances (1 POINT)

Repérez dans cette liste les éléments caractéristiques d'une technopole :
standardisation, haute technologie, recherche et développement, production de masse, internationalisation, synergie formation-recherche-production, connexion aux réseaux de communication, innovation, qualifications élevées.

2 Maîtriser les notions (2 POINTS)

Quelle définition correspond au terme de pôle de compétitivité ?
a. Parc d'activités où entreprises industrielles et instituts de recherche sont étroitement liés.
b. Partenariat sur un espace géographique donné d'entreprises, centres de formation et unités de recherche engagés dans des projets innovants.

3 Citer des acteurs et expliquer leur rôle (2 POINTS)

Qui intervient dans la gouvernance des pôles de compétitivité ?
Quel est le rôle de l'État ?

4 Compléter un schéma cartographique (2 POINTS)

Après avoir dessiné les contours de l'hexagone français, représentez par des figures appropriées :
– les vieilles régions industrielles en reconversion ;
– les 8 plus grandes métropoles où existent des foyers d'industries de pointe.

5 Décrire une situation (3 POINTS)

Exposez la situation de l'espace productif agricole dans les zones de montagne.

6 Maîtriser le vocabulaire (2 POINTS)

Définissez « désindustrialisation » et « délocalisation ».

7 Maîtriser les idées du cours (2 POINTS)

Répondez par vrai ou faux.

	Vrai	Faux
1. Les services marchands concernent la santé, la fonction publique, l'éducation.		
2. Le secteur des services est le secteur d'activité le plus important en France.		
3. La France est la première puissance agricole de l'UE.		
4. La PAC est une politique française pour soutenir l'agriculture.		

8 Décrire et caractériser une situation géographique (3 POINTS)

Identifiez et caractérisez un espace productif attractif sur le territoire français.

9 Dégager l'intérêt d'un document (2 POINTS)

■ Affiche éditée par le Comité AOP « Moules de Bouchot de la baie du Mont-Saint-Michel ».

– Identifiez l'origine du document.

– Quel est son principal objectif ?

– Quels arguments sont utilisés pour atteindre cet objectif ?

10 Rédigez un texte en utilisant un vocabulaire géographique (2 POINTS)

Expliquez l'intérêt du label AOP pour les producteurs de Moules de Bouchot de la baie du Mont-Saint-Michel.

CAPACITÉS GÉOGRAPHIE
- Localiser une situation par rapport à des repères géographiques
- Décrire et caractériser une situation géographique

Le périphérique de Bercy et l'échangeur de l'autoroute de l'Est, à Paris

1,2 million de véhicules circulent quotidiennement sur les 35 kilomètres d'autoroutes urbaines autour de la capitale.

- Objectif 3.2.2 du module MG1.
- Sujet d'étude au choix. Une situation à étudier si ce sujet est choisi.

3. Les mobilités de la population

SITUATION 1 La rurbanisation des campagnes françaises

La recherche d'un cadre de vie agréable, d'un habitat individuel à moindre coût et la généralisation du recours à l'automobile conduit une partie des citadins à quitter les zones urbaines pour s'implanter à la campagne. Ce phénomène de rurbanisation, né dans les années 1970, est en extension et modifie durablement le territoire rural.

SITUATION 2 Les déplacements dans une aire urbaine : l'agglomération lilloise

Chaque Français consacre en moyenne 55 minutes par jour à se déplacer mais la distance et la durée de déplacement ne cessent de s'allonger. Les mouvements quotidiens peuvent s'observer à l'échelle d'une agglomération comme Lille puisque 4 millions de déplacements y sont effectués chaque jour.

SITUATION 3 Une station touristique en été : la Grande Motte

Quarante millions de Français se déplacent tous les ans, essentiellement au moment des vacances scolaires. Le flux massif génère des contraintes auxquelles des communes à vocation touristique comme la Grande Motte ont dû s'adapter. Avec 2 millions de touristes chaque été, c'est l'une des stations préférées des français.

SITUATION 1 La rurbanisation des campagnes françaises

CONSIGNE GÉNÉRALE

Par groupe, vous allez étudier le phénomène de la rurbanisation des campagnes en France. Chaque groupe va présenter à l'oral le résultat de son travail. Vous prendrez en note les informations importantes.

Aujourd'hui, 75 % des Français vivent dans une zone urbaine mais le nombre de citadins « actifs » qui souhaitent venir vivre à la campagne est en augmentation. Les derniers recensements ont d'ailleurs démontré que les zones rurales avaient attiré de nouveaux habitants et enregistré plus d'arrivées que de départs.

ÉQUIPE 1 Le phénomène de rurbanisation

Définissez le phénomène de rurbanisation et expliquez ses causes.

1 Les ruraux de demain

Les villages français se repeuplent : ce phénomène constaté il y a une dizaine d'années ne cesse de s'amplifier. Si entre 1989 et 1999, nos campagnes perdaient près de 17 000 habitants par an, l'Insee confirme que depuis 10 ans la tendance s'est inversée, et qu'annuellement, elles en gagneraient entre 40 et 50 000. Selon l'institut d'études BVA, sur les 8 millions de Français (39 % des citadins) qui désirent s'installer à la campagne, 23 % envisagent de le faire alors qu'ils sont toujours actifs, soit en poursuivant leur activité professionnelle, soit dans la perspective de monter leur propre affaire. Mais 48 % de ces citadins songent plutôt à se mettre au vert au moment de la retraite, pour profiter au calme de leurs vieux jours.

À terme, si ces 8 millions de Français franchissent le pas, deux profils de néo-ruraux se dégageront : les retraités à la recherche d'un havre de paix après une vie bien remplie et les jeunes ménages en quête d'un endroit paisible et sain pour élever leurs enfants.

D'après le site www.senat.fr.

2 Brochure de l'association « S'installer en Massif Central »

Ce document est édité à l'occasion de l'organisation d'une session d'accueil des actifs désireux de s'installer dans les campagnes limousines.

3 Les motivations des « néo-ruraux »

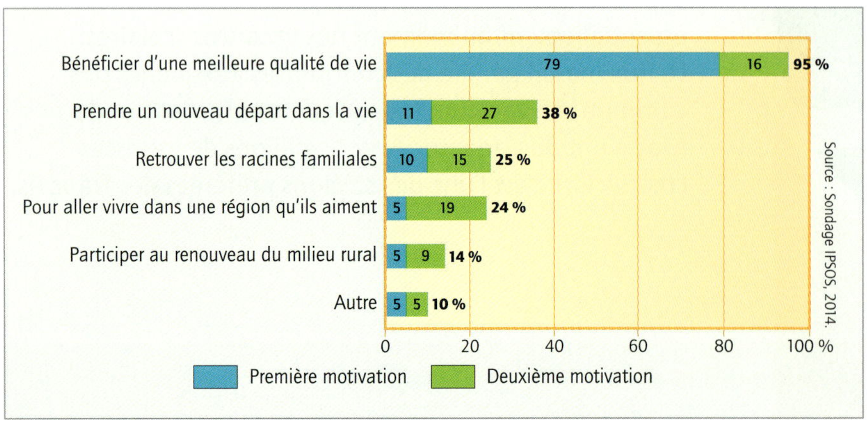

ÉQUIPE 2 Les conséquences de la rurbanisation

Montrez les conséquences de la rurbanisation des campagnes françaises.

4 Quitter la ville pour vivre à la campagne

Chaque année, ils sont près de 100 000 citadins à prendre la clé des champs pour changer de vie. Le bonheur loin du stress, ça se prépare !

Offrir un meilleur cadre de vie à ses enfants, avoir une maison et un jardin, respirer un air pur, vivre au calme… [Pour] passer du rêve à la réalité, il faut faire la différence entre bonnes et mauvaises raisons. […] Le bonheur n'est pas forcément dans le pré. [Il faut bien choisir le lieu d'implantation :] proximité des écoles, accès aux loisirs et aux activités culturelles, aux commerces, aux soins médicaux, aux services bancaires… […] Avant d'acheter une maison à la campagne, il faut prendre en compte certaines dépenses : travaux, entretien, montant des impôts locaux et, surtout, délai en cas de revente. [Le projet professionnel est primordial,] les travailleurs indépendants ou les salariés en télétravail peuvent cibler des départements isolés (la Creuse, l'Aveyron ou le Cantal), [mais les] salariés devront choisir un lieu proche des infrastructures de transport (trains, réseaux routiers) et définir le temps maximal qu'ils souhaitent passer quotidiennement dans le train ou leur voiture, sachant qu'au-delà de trois heures par jour se posent la question du confort de vie et celle des frais annexes (carburant, entretien du véhicule, forfait ferroviaire).

D'après Marie Zeyer, « Quitter la ville pour vivre à la campagne », www.dossierfamilial.com, 25 janvier 2016.

5 Couverture de la charte Agriculture et Urbanisme d'Ille-et-Vilaine

L'Ille-et-Vilaine est un département très attractif pour l'installation des jeunes, ce qui provoque une augmentation des conflits d'usage entre les agriculteurs et les autres usagers de l'espace rural, notamment à propos de la réduction de la surface agricole. La charte établit les principes de préservation de la ressource agricole face à l'urbanisation.

7 Dessin de presse de Philippe Tastet

6 La part de marché des différents modes de transport selon le lieu de résidence

	Rural	Ville
Marche à pied et vélo	19 %	31 %
Véhicule personnel à moteur	76 %	56 %
Transport en commun	5 %	13 %

SITUATION 2 Les déplacements dans l'agglomération lilloise

L'agglomération de Lille-Roubaix-Tourcoing avec plus d'un million d'habitants occupe une position stratégique au cœur de l'Europe. 3,8 millions de déplacements y sont effectués chaque jour. Cette grande mobilité s'explique par l'attractivité et l'extension spatiale de l'aire urbaine.

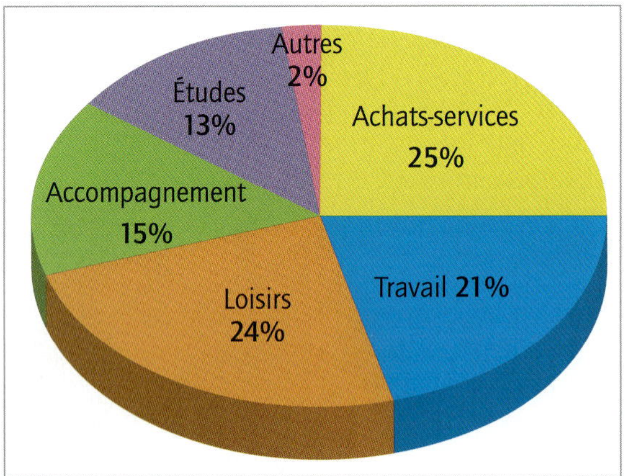

1 Les motifs de déplacement

2 Les gares de Lille-Flandres et de Lille-Europe

La gare de Lille-Europe accueille les TGV internationaux et est reliée à l'ancienne gare appelée Lille-Flandres, grâce à un viaduc. Elle fait partie d'un quartier récent, Euralille, centre d'affaires de la métropole.

3 Les rues de Lille pendant la braderie

Chaque année, la ville reçoit 1 à 2 millions de visiteurs et 10 000 exposants. Les hôtels sont réservés plusieurs mois à l'avance, 100 km d'étals sont installés, et 500 tonnes de moules englouties.

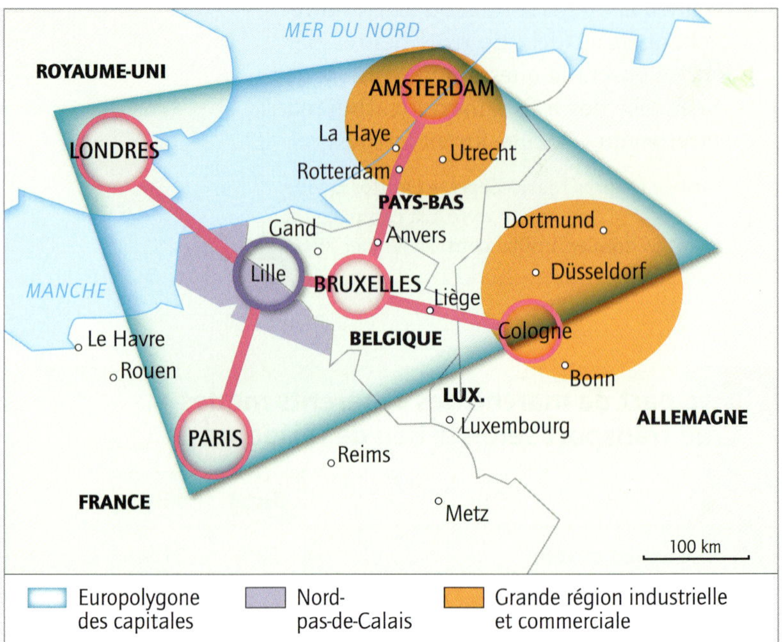

4 Une situation privilégiée en Europe

CAPACITÉS
- Décrire et caractériser une situation géographique
- Localiser une situation en fonction de repères géographiques

5 La mobilité dans l'agglomération lilloise

Lors des Assises des mobilités et de l'accessibilité de la Métropole, organisées par la Métropole européenne de Lille (MEL), le Président a réaffirmé son engagement pour améliorer l'accessibilité de la Métropole, condition essentielle à l'attractivité du territoire.

Deux milliards d'euros seront consacrés à la future concession de service public des transports pour la gestion du réseau. Un milliard sera également investi pour renouveler le matériel roulant et les infrastructures (bus, tramway, métro), la création de nouvelles lignes, l'installation du contrôle d'accès dans le métro, le système d'information aux voyageurs… Une politique ambitieuse en faveur des transports publics.

Au-delà du simple renouvellement, la MEL souhaite aussi se doter d'un nouveau mode de transport pour accompagner le développement économique du sud de la Métropole. En conséquence, des études vont être lancées sur la création d'une nouvelle ligne de tramway pour connecter ce secteur aux gares lilloises.

La Métropole va aussi mettre un accent tout particulier sur les modes doux : un plan vélo à plus de 30 millions d'euros va voir le jour en fin d'année avec notamment l'aménagement d'ici 2020 de 100 kilomètres supplémentaires de pistes cyclables.

Assises du développement et de la mobilité de la MEL, septembre 2016.

6 Campagne d'affichage dans les rues de l'agglomération lilloise

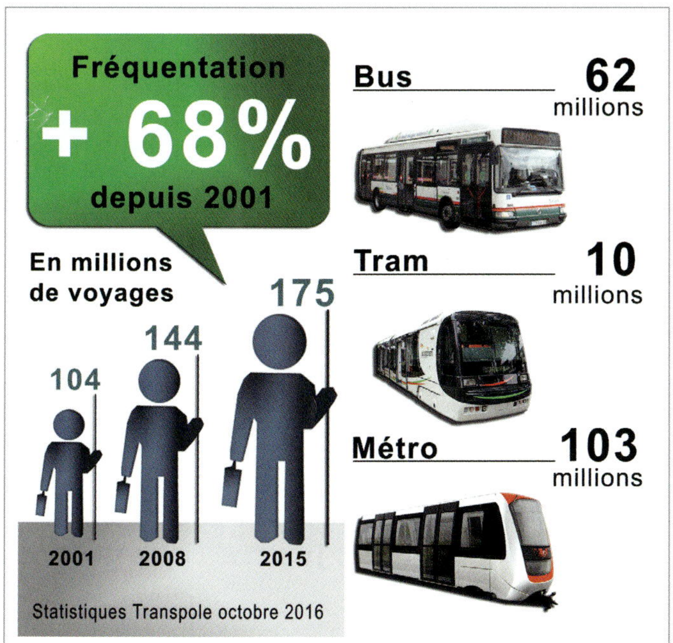

7 La fréquentation des transports en commun dans l'agglomération lilloise

ITINÉRAIRE 1

■ Décrire et caractériser une situation géographique

1. Quels sont les deux principaux motifs des déplacements dans l'agglomération lilloise ? (doc. 1)
2. À quels motifs de déplacements peut-on respectivement associer chaque document ? (doc. 2, 3 et 4)
3. Comment évolue la fréquentation des transports dans l'agglomération lilloise ? Expliquez cette évolution. (doc. 7)

■ Localiser une situation en fonction de repères géographiques

4. Décrivez la situation de Lille en Europe. Expliquez pourquoi cette situation constitue un facteur de mobilité important. (doc. 4)
5. Quel organisme est à l'origine de l'affiche ? (doc. 6)
6. Quels principes retenus par les Assises de la mobilité poursuivent le même objectif que la campagne d'affichage. (doc. 5 et 6)

ITINÉRAIRE 2

Expliquez comment la politique des transports de l'agglomération lilloise s'adapte au développement de l'aire urbaine.

SITUATION 3 Une station touristique en été : la station de La Grande Motte

La Grande Motte est une station balnéaire située dans la région Languedoc-Roussillon. Construite sur un terrain vierge, La Grande Motte se caractérise par une grande homogénéité architecturale, composée d'immeubles en forme de pyramides. Avec 2 millions de touristes chaque été, ce flux estival massif génère des contraintes auxquelles la commune doit s'adapter.

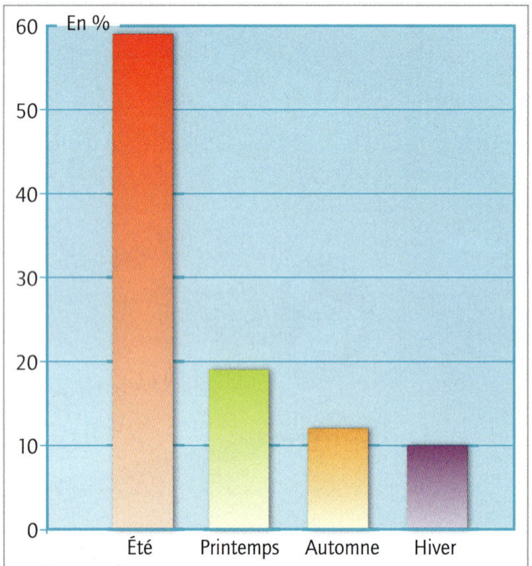

1 La fréquentation touristique

2 Un littoral très demandé

Sur le littoral, vous avez le choix entre un séjour balnéaire classique pour les adeptes de la plage et des activités nautiques ou un circuit entre mer et étang ponctué de trésors archéologiques. Quelle que soit votre envie, l'offre en matière d'hébergement est ici des plus riches. Il faut dire que la région voit déferler un flot de touristes impressionnant chaque été ! Cette concentration est à l'origine des énormes embouteillages que vous risquez de rencontrer. La solution ? Logez à proximité de la plage ou circulez à vélo. Dans tous les cas, évitez les fins de journée (18h-20h) lorsque tout le monde rentre de la plage et n'oubliez pas que le week-end, les déplacements de la population locale s'ajoutent à ceux des vacanciers. Et si vous n'avez d'autre choix que de partir en pleine saison, veillez à réserver dès le début du printemps.

D'après le *Guide Vert, Languedoc*, Édition 2016.

3 La plage de La Grande Motte en été

4 Le forum annuel des emplois saisonniers

CAPACITÉS

- Relever et hiérarchiser les informations contenues dans un document
- Utiliser le vocabulaire disciplinaire
- Décrire et caractériser une situation géographique

5 **La promotion du tourisme d'affaires**

6 La Grande Motte, des touristes et pas d'habitants

Avec 8600 habitants permanents pour 2000 logements, de nombreux ensembles sont vides à 70 %, voire plus, entre octobre et mai. [L]a station, située sur un littoral en tension (pression démographique, problèmes d'accès au logement), est rattrapée par une actualité moins insouciante. […] Son parc immobilier est « chauffé avec des "grille-pain" [radiateurs électriques, NDLR] », diagnostique Claude Jamot, directeur d'Urbanis (Nîmes), société de conseil en habitat et urbanisme. D'après Stéphanie Bezine, directrice de deux agences immobilières […], les logements souffrent de « mauvais diagnostics de performance énergétique (entre D et E) et sont trop exigus (35 m² en moyenne) pour des résidences à l'année ». Les tentatives de rénovation et de refonte des enfilades de studios cabines en appartements familiaux se sont vite ensablées car trop chères pour des particuliers.

D'après Hubert Vialatte, *Les Échos*, juillet 2014.

7 **La desserte des plages**

ITINÉRAIRE 1

Relever et hiérarchiser les informations contenues dans un document

1. Quels sont les principaux atouts de La Grande Motte pour les touristes ? (doc. 1,3 et 5)
2. Quelle est la saison de plus forte fréquentation touristique ? Comment l'expliquer ? (doc. 1 et 3)
3. Quel est le principal problème évoqué par le guide ? (doc. 2)
4. Quelle solution propose la société de transport ? (doc. 7)
5. Quel est l'objectif du forum des métiers de La Grande Motte ? Comment l'expliquer ? (doc. 1 et 4)

Décrire et caractériser une situation géographique

6. Quelle est la nouvelle politique de la station ? À quel problème répond-t-elle ? (doc. 5)
7. Pourquoi n'y a-t-il pas d'habitants à La Grande Motte ? (doc. 6)

ITINÉRAIRE 2

Montrez comment a évolué le modèle de la station balnéaire d'origine à la Grande Motte.

COURS

Les mobilités de la population

La population française évolue. Elle devient plus mobile et se concentre dans les grands espaces urbains. La domination des grandes villes et l'attractivité des littoraux sont renforcées par l'efficacité des réseaux de transport qui favorisent la mobilité. Les migrations régionales profitent surtout au Sud et à l'Ouest alors que les flux d'immigration convergent vers les régions urbaines.

La ligne du RER D aux heures de pointe
Longue de 160 kilomètres, avec 58 gares traversées et 550 000 voyageurs quotidiens, soit deux fois plus que tous les TGV, la ligne du RER D est la plus fréquentée du réseau francilien.

Une population inégalement répartie

La diagonale du vide

Les régions de forte densité sont situées à l'Est d'une ligne Le Havre-Montpellier : 16 % du territoire rassemblent 75 % de la population. Les régions les moins peuplées perdent encore des habitants. La désertification se manifeste alors par le vieillissement de la population, le déclin des moyennes et petites villes, la fermeture des écoles et des commerces dans les villages.

Des espaces de plus en plus attractifs

Aujourd'hui 82 % de la population française vit en ville. L'aire urbaine parisienne totalise ainsi plus de 11 millions d'habitants. Les zones urbanisées s'étalent sur les campagnes environnantes. Cette périurbanisation est particulièrement active autour des métropoles. Par ailleurs, la littoralisation de la population s'accentue : les littoraux du sud et de l'ouest tirent parti d'un cadre de vie agréable et d'un environnement économique favorable sous l'impulsion des nouvelles technologies.

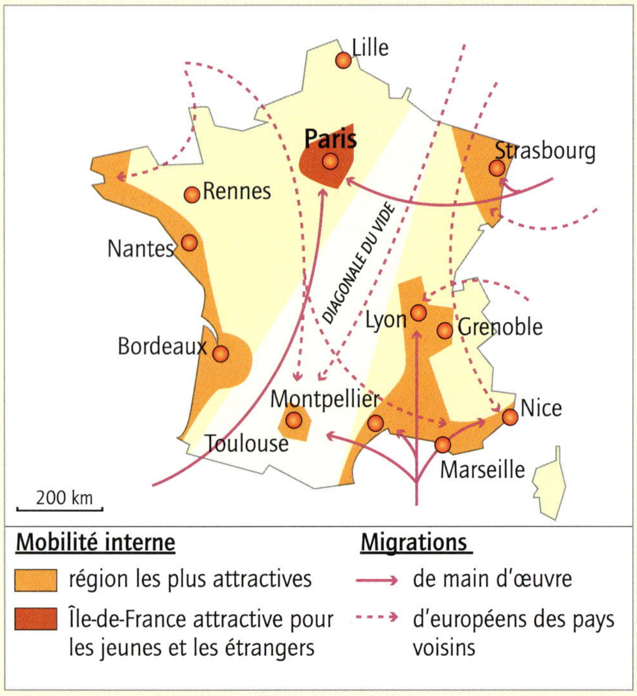

Les mobilités de population en France

Une France qui bouge

Une grande mobilité quotidienne et touristique

Les déplacements les plus nombreux sont les navettes quotidiennes entre la résidence et le lieu de travail réalisés par les migrants alternants, ce sont les migrations pendulaires. 61 % des actifs travaillent en dehors de leur commune. En Île-de-France, 40 millions de déplacements sont ainsi effectués quotidiennement. À cela s'ajoutent les déplacements pour les loisirs, à la journée ou pendant le week-end. Les Français partent de plus en plus souvent en vacances ou pour des courts séjours, évolution accélérée par la réduction du temps de travail.

Un territoire rapidement accessible

La route demeure le mode de transport dominant. Plus de 12 000 km d'autoroutes et voies rapides relient toutes les grandes villes. La performance de cette accessibilité est également assurée par les voies ferrées, notamment les lignes TGV et la multiplication des aéroports, y compris en Province. Les choix d'aménagement des réseaux de transports sont fondamentaux pour permettre la mobilité de tous et éviter l'isolement de certaines parties du territoire.

Les migrations internationales

La France, terre d'accueil

L'immigration est liée au marché du travail : besoins de l'industrialisation, reconstruction après les deux guerres mondiales. À partir de 1974, avec l'apparition du chômage, la France a fermé ses frontières, pourtant des réfugiés, des demandeurs d'asile, des familles de personnes déjà établies en France et des clandestins continuent d'arriver. Mais les flux sont très ralentis et se situent aujourd'hui autour de 200 000 entrées par an.

Une immigration diversifiée et inégalement répartie

La part des immigrés dans la population française représente 9,6 %. Près de la moitié sont des Européens. L'origine géographique des immigrés se diversifie de plus en plus, la part de la population venue d'Asie, d'Afrique et d'Europe de l'Est s'accroît. Les flux d'immigration convergent vers les régions urbaines et industrielles l'Île de France, Rhône-Alpes et l'Alsace concentrent 60 % des immigrés.

Les migrations touristiques

Le quartier chinois dans le 13e arrondissement à Paris
La diaspora chinoise représente environ 400 000 personnes. Elle se concentre à 80 % en Île-de-France.

Comprendre le cours

1. Comment se répartit la population sur le territoire français ?
2. Quelles sont les espaces les plus attractifs ? Pourquoi ?
3. Comment expliquer l'affluence sur les réseaux franciliens du RER ? Quels problèmes cela peut-il poser ?
4. Quels rôles jouent les transports dans la mobilité des populations ?
5. Quelles sont les deux principales causes des migrations internationales vers la France ?
6. D'où proviennent les migrants ? Quelle est leur situation ?

Notions Bac

Périurbanisation : phénomène d'urbanisation en périphérie extérieure d'une agglomération.

Espaces attractifs : espaces qui attirent les populations ou les entreprises pour des raisons économiques ou de conditions de vie.

Littoralisation : processus de concentration des hommes et des activités sur les littoraux.

Migration : déplacement massif, temporaire ou définitif d'un ensemble de population.

Migrations alternantes : déplacements quotidiens domicile-travail. On parle aussi de migrations pendulaires.

MÉTHODE Analyser une image

Démarche

La personnalisation du message pour le rendre plus convaincant.

Des icônes symbolisant les transports alternatifs.

Affiche de lancement de l'**application Boogi** à Bordeaux.

Les logos des acteurs : collectivités territoriales, transports, presse, partenaires privés, etc.

1 Présenter l'image

Vous devez évoquer la nature de l'image ainsi que sa source.

Le document est une affiche destinée à promouvoir l'utilisation d'une application dédiée au covoiturage. Elle est réalisée à l'initiative de Bordeaux Métropole.

2 Décrire l'image

Vous devez relever les références aux modes de transports, aux acteurs partenaires de l'événement et décrire la construction de l'image.

L'affiche présente un téléphone portable avec l'application Boogi en fond d'écran et une série d'icônes représentant différents modes de transports doux associés à une automobile. Les auteurs de l'affiche utilisent majoritairement le mode impératif. Les logos des acteurs partenaires privés et publics figurent en bas du document.

3 Interpréter l'image

Vous montrez comment cette affiche participe à la mise en place d'une politique des transports doux.

De nombreuses collectivités territoriales mettent en place des solutions pour améliorer la gestion des transports urbains. Le covoiturage combiné à l'usage des transports en commun est une des solutions que Bordeaux tente de développer. L'application Boogi est destinée à faciliter la mise en place de cette politique dans le cadre plus général du développement durable.

Exercice d'application

Affiche de la **Semaine européenne de la mobilité** qui a lieu chaque année au mois de septembre depuis 2001.

1 Présenter l'image

Présentez la nature de l'image ainsi que sa source et son origine.

2 Décrire l'image

Décrivez la construction de l'image, et relevez les références aux modes de transports, aux acteurs partenaires de la campagne de communication.

3 Interpréter l'image

Montrez comment cette affiche participe à la sensibilisation du public en faveur d'une politique de développement durable.

ÉVALUATION Mobiliser ses connaissances (20 points)

1 Maîtriser le vocabulaire (2 POINTS)

Retrouvez les notions correspondant aux définitions.

a. Phénomène d'urbanisation en périphérie extérieure d'une agglomération.
b. Processus de concentration des hommes et des activités sur les littoraux.
c. Déplacement quotidien, régulier et périodique d'un endroit à un autre.

2 Utiliser ses connaissances (2 POINTS)

Choisissez la réponse exacte.

La proportion de départ en vacances des Français représente chaque année :
a. Moins de la moitié de la population.
b. Plus de la moitié de la population.
c. La moitié de la population exactement.

Le moyen de transport le plus utilisé en France est :
a. La route.
b. Le chemin de fer.
c. Le train.
d. Les transports en commun urbains.

3 Compléter la légende d'un croquis (3 POINTS)

Après l'avoir reproduit, complétez le croquis et sa légende avec les éléments ci-dessous. Donnez ensuite un titre à votre croquis.
Diagonale du vide, régions attractives et densément peuplées, aire urbaine, métropole, Lille, Strasbourg, Grenoble, Toulouse, Bordeaux, Rennes, Nantes, Lyon, Nice, Marseille, Paris, Montpellier.

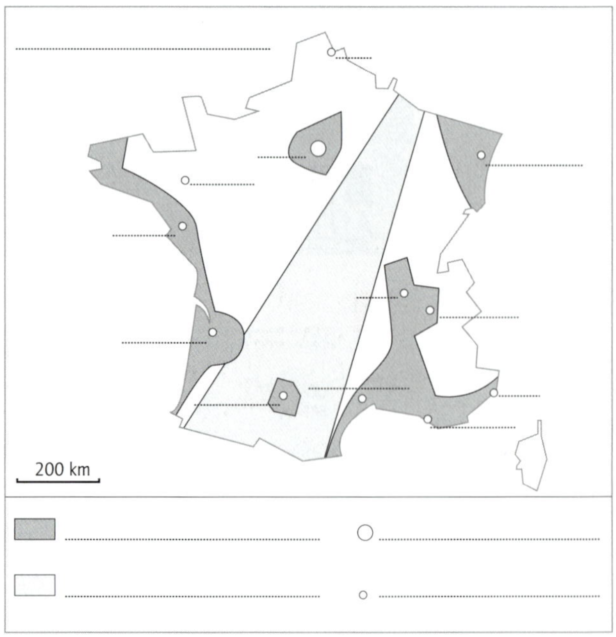

4 Rédiger une réponse organisée (3 POINTS)

Expliquez l'attractivité du Sud de la France.

5 Maîtriser les notions (1 POINT)

Donnez la signification des sigles suivants : LGV, RER, TER et TGV.

6 Maîtriser les idées du cours (3 POINTS)

Reproduisez le tableau ci-dessous et complétez-le en donnant pour chacun des modes de transport cité un avantage et un inconvénient.

	Avantage	Inconvénient
Route/automobile		
Rail/TGV		
Air/ avion		

7 Justifier une affirmation (1 POINT)

Donnez deux arguments pour justifier cette affirmation : « l'efficacité des réseaux de transport favorise la mobilité ».

8 Dégager l'intérêt d'un document (2 POINTS)

– Identifiez l'origine du document.
– Quel est son principal objectif ?

9 Rédigez un texte en utilisant un vocabulaire géographique (3 POINTS)

Expliquez quels sont les enjeux liés à la LGV Sud Europe Atlantique pour l'Aquitaine.
Votre réponse devra comporter les termes suivants : *attractivité, désenclavement, intégration européenne, nuisance, environnement, bruit.*

■ Affiche éditée par la CCI Pau Béarn.
Prolongeant la LGV Atlantique, la LGV Sud Europe Atlantique dessert Bordeaux depuis 2017. Des enquêtes publiques sont lancées pour les prolongements vers Toulouse, Dax et l'Espagne.

CAPACITÉS GÉOGRAPHIE

- Repérer le même espace sur des cartes de projection ou d'échelle différentes
- Utiliser le vocabulaire disciplinaire
- Mémoriser et restituer les principales notions

La Somme, espace agricole et territoire de l'histoire européenne

Au sein d'un espace où domine la culture céréalière, un petit cimetière britannique rappelle la violence des combats de la guerre européenne de 1914-1918. Le lieu, qui ressemble à une tranchée, rassemble les soldats tombés sur place en novembre 1916. Situé au cœur de la Somme, dans la région des Hauts-de-France, Beaumont-Hamel Cimetery est un territoire anglais.

4. Les territoires de la France au sein de l'espace européen

SITUATION 1 La diversité des espaces agricoles

L'Europe présente une grande diversité de territoires. Les politiques communes permettent de développer les régions les plus en retard, notamment dans le domaine agricole, car l'objectif de la cohésion économique est au cœur du projet européen.

SITUATION 2 Les frontières en Europe

À l'intérieur de l'Europe, à l'initiative de l'Union européenne, on cherche à dépasser le découpage des États. L'Union apparaît comme une construction politique nouvelle qui tend à effacer les frontières du passé.

SITUATION 3 Un exemple de grande région de l'Union européenne : Auvergne-Rhône-Alpes

Ouverte sur l'Europe, grâce à sa position de carrefour, la région Auvergne-Rhône-Alpes bénéficie d'atouts incontestables. C'est la deuxième région française pour la superficie, la population et la puissance de son économie.

SITUATION 4 L'eurorégion Pyrénées-Méditerranée

Éloignés de la « dorsale européenne » qui traverse le cœur de l'Europe, les territoires méditerranéens présentent des caractéristiques originales. À cheval sur la frontière entre l'Espagne et la France, le programme « Interreg III » vise à soutenir un développement régional transfrontalier.

SITUATION 1 La diversité des espaces agricoles

Une grande hétérogénéité de situations caractérise l'Europe. On distingue des régions agricoles capables de supporter la concurrence mondiale. Tandis que d'autres, souvent éloignées des axes de circulation, s'appuient sur des aides en faveur du développement rural. Enfin, certaines régions souffrent de handicaps naturels et sont marquées par des exploitations trop petites.

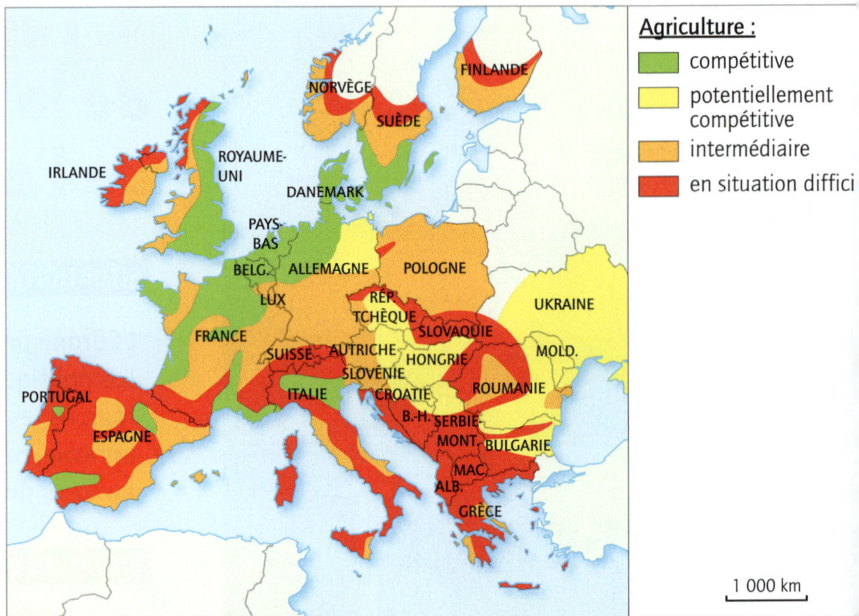

1 Les espaces agricoles de l'Union européenne

2 Poulaillers industriels à Möckern, en Allemagne

3 **La mise en valeur agricole en Andalousie**

Les serres de El Ejido permettent des productions horticoles qui tirent parti des contraintes naturelles du Sud de l'Espagne.

CAPACITÉS
- Relever et hiérarchiser les informations d'un document
- Confronter des situations géographiques
- Rédiger un texte organisé

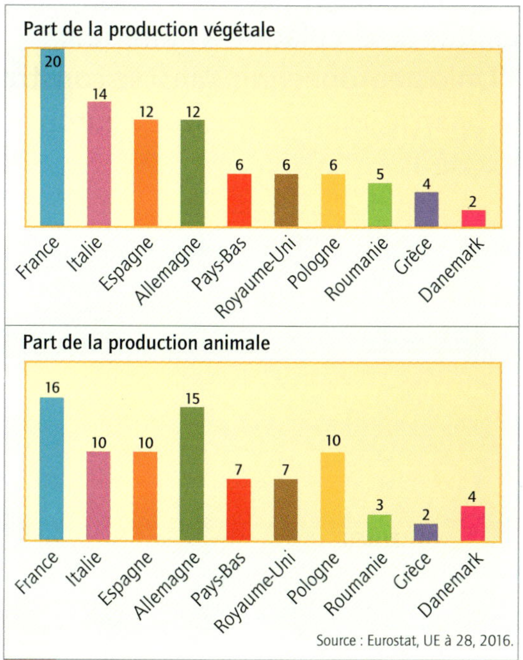

4 La valeur de la production européenne est différente suivant les pays

La France produit 16 % de la valeur de la production animale de l'Union et 20 % de la valeur de la production végétale. 475 000 exploitations agricoles françaises produisent depuis 10 ans entre 17,7 % et 19,3 % de la valeur de la production de l'Union. La France est le premier producteur européen.

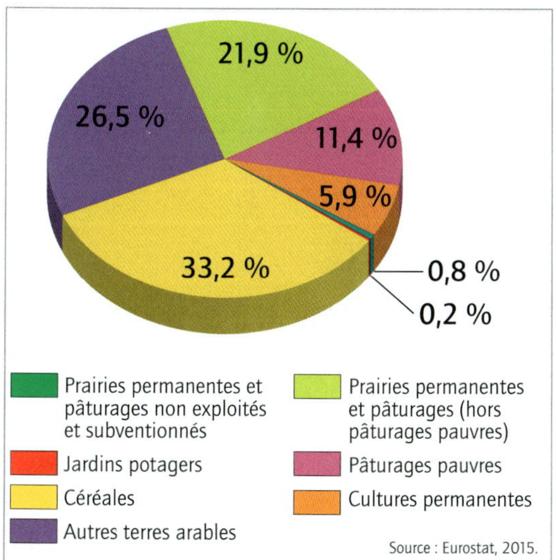

5 La diversité de l'occupation des sols en Europe

6 Exploitation et surface agricole utile dans l'Union européenne

Pays de l'UE	Nombre d'exploitation en milliers		Surface agricole utile en milliers d'hectares	
	Total	Dont exploitations moyennes et grandes	Total	Dont exploitations moyennes et grandes
Roumanie	3 630	35	13 056	6 717
Pologne	1 429	185	14 410	7 683
Italie	1 010	278	12 099	8 795
Espagne	965	225	23 300	16 418
Grèce	710	80	4 857	2 994
Hongrie	491	26	4 657	3 677
France	472	315	27 739	25 818
Allemagne	285	192	16 700	15 657
Portugal	264	27	3 642	2 506
Bulgarie	254	14	4 651	4 117
Royaume-Uni	185	95	17 096	14 479
Lituanie	172	11	2 861	1 698
Croatie	157	15	1 571	998
Autriche	140	57	2 727	1 919
Irlande	140	42	4 959	2 876
Lettonie	82	5	1 878	1 084
Slovénie	72	8	486	202
Pays-Bas	67	50	1 848	1 749
Suède	67	22	3 029	2 413
Finlande	54	24	2 258	1 642
Danemark	39	24	2 619	2 454
Belgique	38	30	1 308	1 252
Chypre	35	3	109	56
Rep. Tchèque	26	10	3 491	3 300
Slovaquie	24	4	1 902	1 773
Estonie	19	3	958	735
Malte	9	1	11	3
Luxembourg	2	2	131	128
UE à 28	10 841	1 783	174 351	133 141

Source : Eurostat 2015.

ITINÉRAIRE 1

■ Relever et hiérarchiser les informations d'un document

1. Quels sont les territoires agricoles les plus compétitifs ? Quels sont ceux en difficulté ? (doc. 1)
2. Dans quels pays le nombre d'exploitations est-il le plus élevé ? Quelles sont les caractéristiques de l'agriculture de ces pays ? (doc. 1 et 6)

■ Comparer des situations géographiques

3. Quels points communs entre les modes d'exploitation révèle la confrontation de ces deux documents ? (doc. 2 et 3)
4. Comparez la valeur de la production française à celle des Pays-Bas. Quelles remarques faites-vous ? (doc. 4)
5. Quelles sont les caractéristiques de la surface agricole utile en Europe ? (doc. 5)
6. Comparez les caractéristiques de la surface agricole utile en France et en Allemagne. Quelles différences les caractérisent ? (doc. 6)
7. Comparez les caractéristiques de l'agriculture en France et en Espagne. Quelles remarques pouvez-vous faire ? (doc. 1, 2, 4 et 6)

ITINÉRAIRE 2

Dans un court paragraphe, décrivez la diversité des agricultures européennes.

SITUATION 2 Les frontières de l'Union européenne

CONSIGNE GÉNÉRALE

Par groupe, vous allez étudier les caractéristiques des frontières de l'Union européenne. Chaque groupe va présenter à l'oral le résultat de son travail. Vous prendrez en note les informations importantes.

Depuis la fin des années 1980, plusieurs accords et traités européens (programme Erasmus en 1987, Maastricht en 1993, Schengen en 1995) ont transformé en profondeur les possibilités de circulation à l'intérieur et à l'extérieur de l'espace politique de l'Union européenne. Ainsi se construit un territoire particulier dont la France fait partie. Mais ce territoire européen doit faire face aujourd'hui à de nombreux défis.

ÉQUIPE 1 Les différents regroupements au sein de l'Europe

Définissez les différents regroupements auxquels la France appartient en Europe.

1 L'espace européen et les regroupements au sein de l'Union

ÉQUIPE 2 L'Union européenne, des frontières surveillées

Montrez les contrastes entre les frontières à l'intérieur de l'Europe et celles qui la séparent du reste du monde.

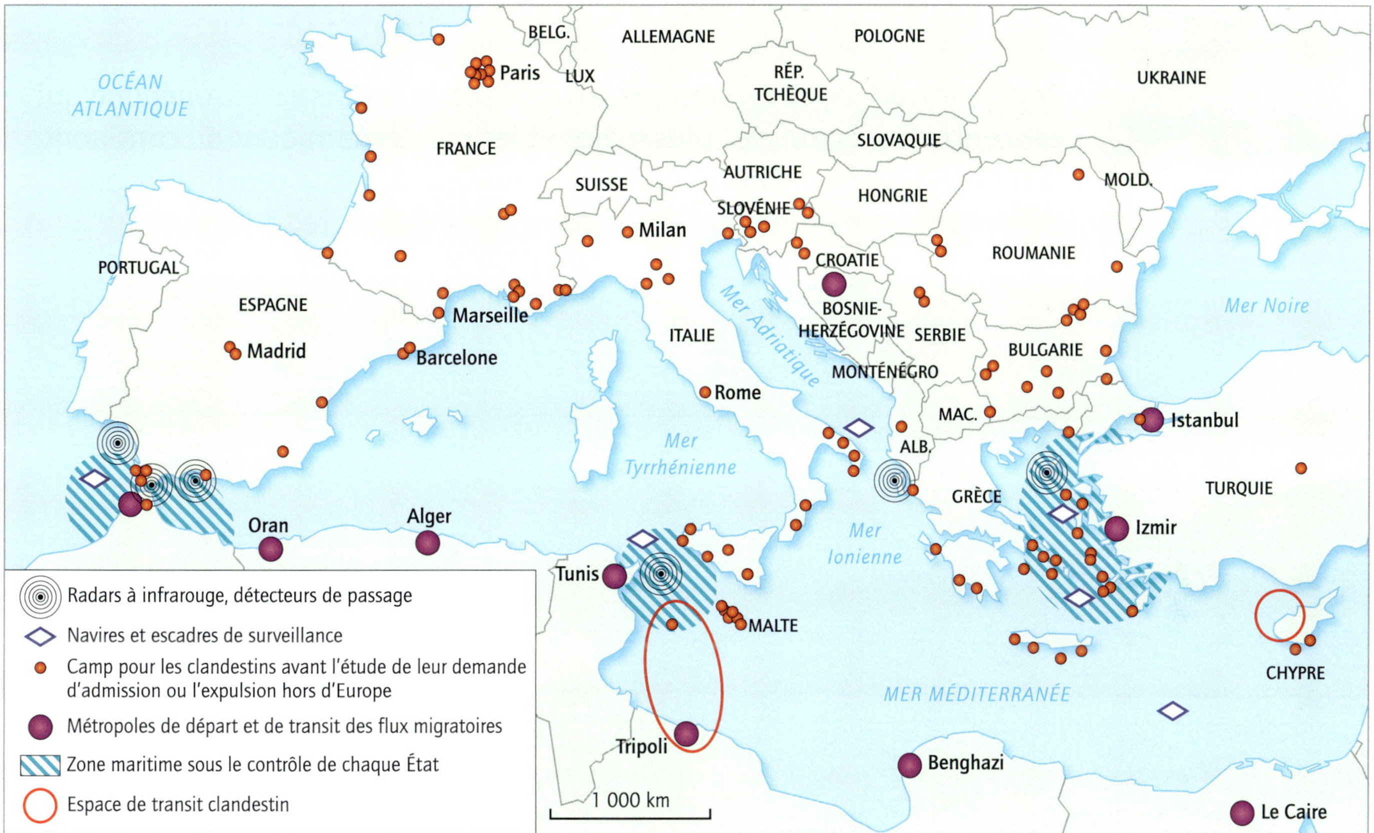

2 Les dispositifs de surveillance sur la frontière du Sud de l'Europe

3 Melilla, enclave espagnole au Maroc

4 L'Europe divisée face aux réfugiés

Depuis que la guerre a éclaté en Syrie, à l'automne 2011, l'Europe fait face à un afflux de réfugiés. En 2015, plusieurs États ont rétabli provisoirement le contrôle à leurs frontières devant les arrivées massives de réfugiés, ou bien en invoquant les attentats du 13 novembre, dans le cas de la France. Cet afflux révèle des fractures de l'Union Européenne […], fractures historiques entre autres, comme en témoigne la réaction hostile des anciens satellites de l'Union soviétique, peu accoutumés à l'immigration. La Hongrie a ainsi érigé une barrière à sa frontière et la Slovaquie dit vouloir n'accepter que des réfugiés chrétiens, présumés plus intégrables […].

Yann Mens, *Alternatives Économiques*, février 2016.

SITUATION 3

Un exemple de grande région de l'Union européenne : la région Auvergne-Rhône-Alpes

Région attractive et dynamique, au contact de la dorsale européenne qui concentre les régions les plus riches et les plus dynamiques du continent, la région Auvergne-Rhône-Alpes peut profiter de cette proximité pour s'affirmer comme une région moderne et bien intégrée à l'Europe.

1 Grenoble, une métropole dynamique des Alpes

À la tête d'une unité urbaine de plus de 400 000 habitants, Grenoble se développe en misant sur l'innovation et les activités de pointe. La proximité des stations de ski renforce l'attractivité de la métropole.

CAPACITÉS
- Dégager l'idée essentielle d'un document
- Caractériser une situation géographique
- Rédiger un texte organisé

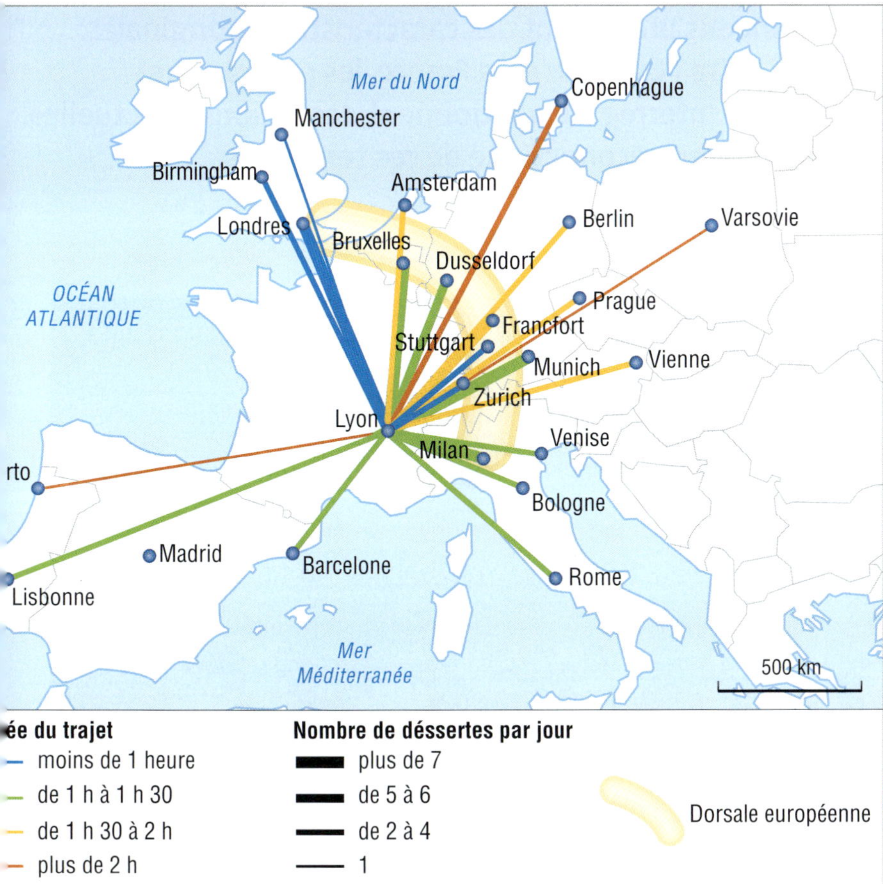

2 Les liaisons aériennes quotidiennes entre Lyon et les métropoles européennes

4 La coopération scientifique européenne

L'ESRF (European Synchroton Radiation Facility) est un centre de recherche européen associant 18 pays.

Chaque année, plusieurs milliers de chercheurs viennent à Grenoble réaliser des expériences inédites, à la frontière de la science actuelle.

Biologistes, médecins, météorologues, géophysiciens ou archéologues étudient une gamme remarquablement large de matériaux, depuis les biomolécules jusqu'aux nano-aimants. Les applications industrielles se multiplient également notamment dans les domaines de la pharmacie, de la pétrochimie, de la microélectronique ou des cosmétiques.

Géographie, Nathan, 2009.

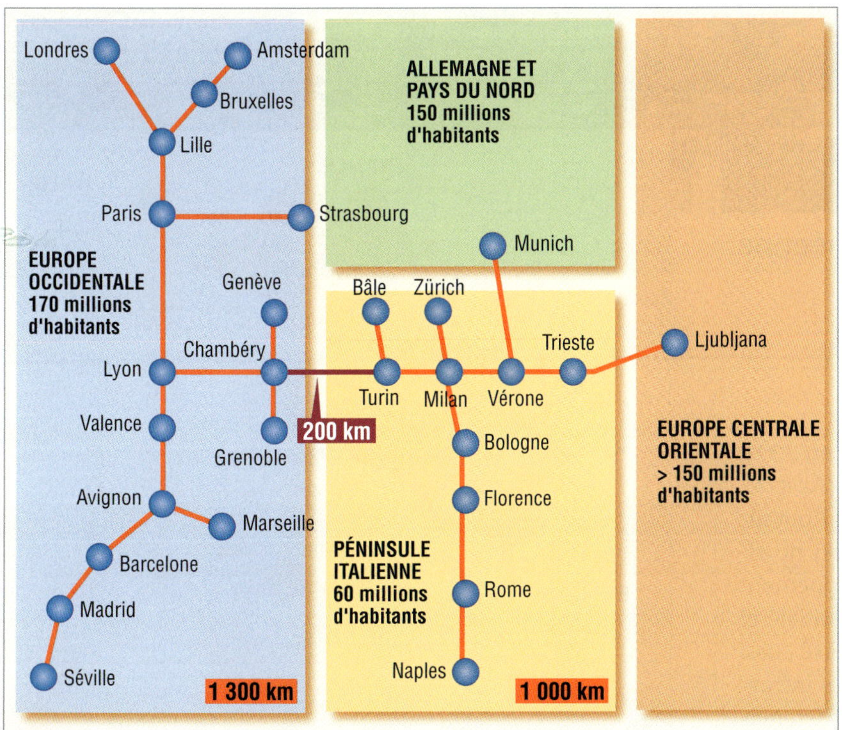

3 La liaison Lyon-Turin, la Transalpine

Retenu dès 1994 par l'Europe dans la liste des 14 projets prioritaires de transports, la liaison constitue désormais un élément central du réseau ferroviaire européen.

ITINÉRAIRE 1

■ Dégager l'idée essentielle d'un document

1 En quoi la position géographique de la région peut-elle être un atout ? (doc. 1 et 2)

2 Avec quelles liaisons européennes les liaisons sont-elles les plus fréquentes ? Que peut-on en déduire ? (doc. 2)

■ Caractériser une situation géographique

3 En quoi la liaison Transalpine renforce-t-elle la position de carrefour de la région ? (doc. 3)

4 Comment le dynamisme de la région s'exprime-t-il à l'échelle européenne ? (doc. 1 et 3)

ITINÉRAIRE 2

Dans un court paragraphe, expliquez quelles caractéristiques font de la région Auvergne-Rhône-Alpes une grande région de l'Union européenne.

SITUATION 4 L'eurorégion Pyrénées-Méditerranée

Éloignés de la « dorsale européenne » qui traverse le cœur de l'Europe, les territoires méditerranéens présentent des caractéristiques originales. À cheval sur la frontière entre l'Espagne et la France, les programmes d'initiative communautaire Interreg subventionnent des actions ponctuelles. Ils accompagnent la dynamique économique de ces territoires.

1 Barcelone, métropole méditerranéenne

2 Les dix ans de l'Eurorégion

L'Eurorégion Pyrénées-Méditerranée, née en 2004, est un projet de coopération politique entre l'Aragon, la Catalogne, les îles Baléares, le Languedoc-Roussillon et Midi-Pyrénées. Son objectif : créer, au nord-ouest de la Méditerranée, un pôle de développement durable basé sur l'innovation, l'intégration sociale et économique du territoire. L'Eurorégion a porté aussi une attention spéciale à l'amélioration de ses infrastructures de transport. Au bout de 10 ans d'existence, son ambition est renouvelée : s'affirmer comme un territoire de projets à l'échelle européenne, défendre d'une même voix des projets essentiels.

3 L'eurorégion Pyrénées-Méditerranée

Exercice d'application

Affiche de communication d'EDF.

1 Présenter l'image

Présentez la nature de l'image, le thème qu'elle illustre, la situation géographique de Flamanville et l'organisme à l'origine de sa conception.

2 Décrire l'image

Décrivez la construction de l'image et relevez les références aux partenaires.

3 Analyser l'image

Expliquez les objectifs de communication de ce document.

ÉVALUATION Mobiliser ses connaissances (20 points)

1 Citer les acteurs (3 POINTS)

Nommez les dix pays à plus forte production agricole en Europe.

2 Utiliser le vocabulaire disciplinaire (2 POINTS)

Expliquez l'expression « valeur de la production agricole ».

3 Choisir une définition (2 POINTS)

Quelle phrase permet de définir l'espace Schengen ?

a. Espace à l'intérieur duquel les frontières intérieures sont supprimées pour faciliter la libre circulation des biens et des personnes.
b. Espace à l'intérieur duquel les tarifs douaniers sont fortement abaissés pour faciliter la circulation et les échanges de biens.
c. Espace à l'intérieur duquel les produits importés de l'extérieur de l'Europe sont fortement taxés pour protéger la production européenne.

4 Caractériser un espace (2 POINTS)

Expliquez quelles sont les caractéristiques d'une eurorégion.

5 Illustrer une définition (2 POINTS)

Qu'est-ce qu'un réseau urbain ? Illustrez votre définition par un exemple européen.

6 Maîtriser les notions (1 POINT)

Donnez la signification des sigles suivants : CECA, CEE.

7 Maîtriser les idées du cours (2 POINTS)

Répondez par vrai ou faux.

	Vrai	Faux
1. Tous les pays de l'Union européenne ont adopté l'euro.		
2. L'Union européenne comprend aujourd'hui 27 États.		
3. La Suisse est membre de l'Union européenne.		
4. L'Union européenne est le principal partenaire commercial de la France.		

8 Utiliser des outils documentaires (2 POINTS)

Effectuez une recherche pour compléter la carte avec les quatre centres politiques de l'Union européenne, en précisant le nom de l'institution qui s'y trouve.

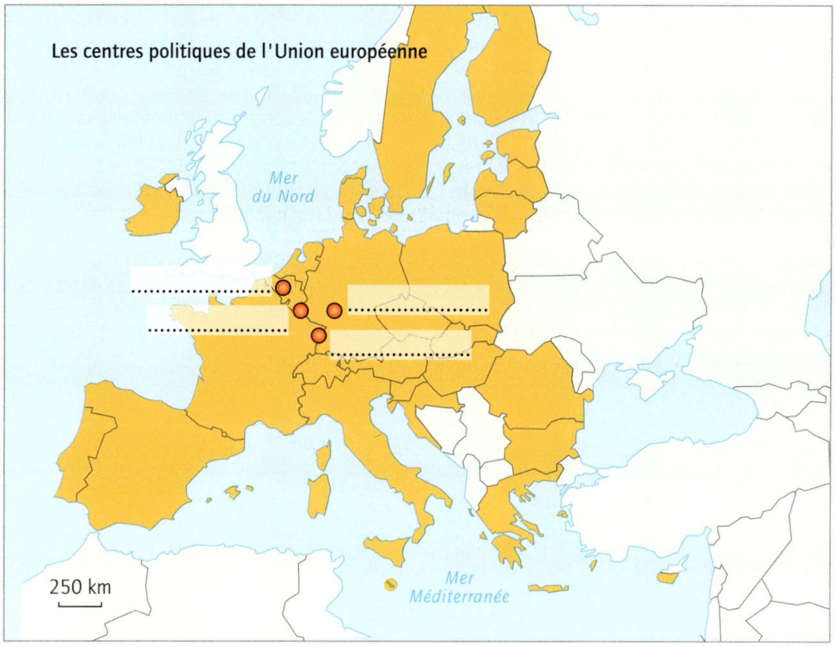

9 Restituer les principales connaissances (2 POINTS)

Expliquez ce qu'est le marché unique au sein de l'Union européenne.

10 Rédigez un texte en utilisant un vocabulaire géographique (3 POINTS)

Expliquez quels sont les atouts des territoires de la France au sein de l'Europe. Votre réponse devra comporter les termes suivants :
accessibilité, attractivité, agriculture, désenclavement, intégration économique, pôles de compétitivité, tourisme.

Crédits iconographiques

6-7 © Musée de la Piscine, Roubaix, Dist. RMN – Grand Palais/Arnaud Loubry ; **8 d** BIS/Ph. Jack © Archives Larbor ; **8 g** © Ville de Castres (Tarn), CENTRE NATIONAL et MUSEE JEAN JAURES ; **8 m** © Ville de Castres (Tarn), CENTRE NATIONAL et MUSEE JEAN JAURES ; **9** LEEMAGE/Lee ; **10** GAMMA RAPHO/Keystone ; **11** GAMMA RAPHO/Keystone ; **12** GAMMA RAPHO/Keystone ; **13 bas** GAMMA RAPHO/Keystone ; **13 ht** ROGER-VIOLLET/Pierre Jahan ; **14** Collection KHARBINE-TAPABOR ; **15** CHRISTOPHE L COLLECTION/© Paris Film/DR ; **16** ROGER-VIOLLET ; **17** BRIDGEMAN IMAGES/Musée du Petit-Palais ; **18** BIS/Archives Nathan ; **19** Collection KHARBINE-TAPABOR ; **20-21** BRIDGEMAN IMAGES/Col. Part./Peter Willi ; **22 bas** AKG-Images ; **22 ht** BIS/Ph. Collection Archives Bordas ; **23 bas** ROGER-VIOLLET/Maurice-Louis Branger ; **23 ht** ROGER-VIOLLET ; **24** © Collection Couderc/Droits Réservés ; **25** ANDIA/Morel ; **26** Lycée agricole Des Vaseix, Limoges ; **27** Lycée viticole, Saint-Jean d'Ardières ; **28 bas** GAMMA RAPHO/API ; **28 ht** RMN-Grand Palais (Château de Fontainebleau)/Jean-Pierre Lagiewski ; **29** Collection KHARBINE-TAPABOR ; **30** ADOC-PHOTOS ; **31** KHARBINE-TAPABOR/Coll. Agricol ; **32** REA/Michel Gaillard ; **33** BRIDGEMAN IMAGES/Archives Charmet ; **34-35** AFP/Photo Pool/Jacques Brinon ; **36 bas** BIS/Ph. Coll. Archives Larbor ; **36 ht** INRP/MUSEE NAT. DE L'EDUCATION ; **37 d** KHARBINE-TAPABOR/Collection Dixmier ; **37 g** KHARBINE-TAPABOR/Collection Dixmier ; **38 ht** ROGER-VIOLLET ; **39 bas** Divergence/SAZY Laurent ; **39 ht** BRIDGEMAN IMAGES/Rue des Archives/Tallandier ; **41 bas** CIT'IMAGES/Serge Attal ; **41 ht** HEMIS/Sylvain Sonnet ; **41 m** AFP/Mehdi Fedouach ; **42** LEEMAGE/Concept-Image ; **43** BRIDGEMAN IMAGES/Bibliothèque des Arts décoratifs, Paris/Archives Charmet ; **44** RESEAU CANOPE-Le Musée national de l'Education ; **45** Archives départementales du Nord, Lille – 31 Fi 196 ; **47** Collection KHARBINE-TAPABOR ; **48-49** REA-Zuma/London News Pictures ; **52** AKG-Images ; **53** Pielert/DR ; **54 bas** GAMMA RAPHO/Pool/Francolon Simon ; **54 ht d** GLOBECARTOON.COM/Patrick Chappatte ; **54 ht g** CIRIP/Alain Gesgon ; **56 bas** LEEMAGE/Fototeca ; **56 ht** ROGER-VIOLLET/Bibliothèque Forney, Paris ; **57** Ville de Paris © Guerillagrafik, 2013 ; **58** © Europe Direct – Ville de Grenoble ; **59** COMMISSION EUROPEENNE ; **61** PLANTU ; **62-63** REA/Sébastien Ortola ; **66** GETTY IMAGES/Sygma/Bernard Annebicque ; **67** REA/Benoît Decout ; **68** © Université Nice Sophia Antipolis/Altivue – Campus SophiaTech ; **69** HEMIS/Arnaud Spani ; **70** Collection particulière ; **71** L'EUROPE VUE DU CIEL ; **72** Office de Tourisme Intercommunal d'Hautvillers ; **73** Office de Tourisme Intercommunal d'Hautvillers ; **74 ht** PHOTONONSTOP/Brigitte Merle ; **77 ht** Airbus S.A.S. 2014 – photo Christian Brinkmann ; **78** IGN ; **79** AGE FOTOSTOCK/Guy Thouvenin ; **81** © Comité de l'Appellation AOP Moules de bouchot de la Baie du Mont-Saint-Michel/© OCTOBRE ; **82-83** AIR-IMAGES.net/Philippe Guignard ; **84** Chambre d'Agriculture de Haute-Vienne ; **85 bas** TASTET Philippe ; **85 ht** Chambre d'Agriculture d'Ille-et-Vilaine, le Conseil Général d'Ille-et-Vilaine ; **86 bas g** REA/Eric Pollet ; **86 ht d** ANDIA/eurolufbild.de ; **87 ht** Lille Metropole ; **88 bas d** Agglomération du Pays de l'Or ; **88 bas g** MAXPPP/Photo PQR/Le Progrès/Richard Mouillaud ; **89 bas** Agglomération du Pays de l'Or ; **89 ht** © LGMDA ; **90 ht** REA/Express/Thierry Dudoit ; **91 bas** Divergence/Hervé Boutet ; **91 ht** ICONOVOX/Faujour ; **92** © Boogi Bordeaux ; **93** www.developpement-durable.gouv.fr ; **95** CCI Pau Béarn/Atelier In 8 ; **96-97** HEMIS/Alamy ; **98 bas** FOTOLIA/neftali ; **98 ht g** ANDIA/euroluftbild.de ; **101** SIPA PRESS/AP/Alvaro Barrientos ; **102** ESRF GRENOBLE/Studio de la Co-Révirée ; **104** GETTY IMAGES/Photolibrary/Raga ; **105 bas** PECHEUR D'IMAGES PRODUCTION/Philippe Plisson ; **105 ht** Air-images.net/Philippe Guignard ; **106** HEMIS/Bertrand Rieger ; **107** Conseil régional de la Guadeloupe ; **108** Groupe Salers Evolution ; **109** EDF-CNPE de Flamanville.
Couverture ht : Photo Josse/Leemage ; **couverture bas :** © Dumoulin Christophe/Photononstop

Coordination éditoriale : Christine Asin
Édition : Audrey Sandou
Coordination artistique et conception maquette : Vincent Rioult
Mise en page : Alinéa
Iconographie : Maryse Hubert
Cartographie et schémas : Légendes Cartographie
Couverture : Vincent Rioult
Fabrication : Maria Pauliat

N° de projet : 10257950 - Dépôt légal : août 2019
Imprimé en France en août 2019 sur les presses de Chirat - N° 201907.0096

MIXTE
Papier issu de sources responsables
FSC® C022030

25, avenue Pierre de Coubertin
75211 Paris cedex 13 – 2017

ISBN 978-2-09-164880-4